일본어뱅크

新일본어능력시험 출제기준 및
실제 시험 반영!

新일본어 능력시험 독해

이거 하나면 끝! N3

정의상 · 후루야 미쿠 지음

동양b👀ks

일본어뱅크 新일본어능력시험 출제기준 및 실제 시험 반영!

新 일본어 능력시험 **독해**
이거 하나면 **끝!** **N3**

초판 인쇄 | 2011년 11월 5일
초판 발행 | 2011년 11월 10일

지은이 | 정의상, 후루야 미쿠(古谷未来)
발행인 | 김태웅
책임편집 | 이주영, 하시모토 나나에(橋本奈苗)
표지 디자인 | 안성민
내지 디자인 | 차경숙
마케팅 | 조도현, 정상석, 서재욱, 장영임,
　　　　김귀찬, 왕성석, 김철영
제작 | 현대순

발행처 | 동양북스
등록 | 제 10-806호(1993년 4월 3일)
주소 | 서울시 마포구 서교동 463-16호 (121-842)
전화 | (02)337-1737
팩스 | (02)334-6624
웹사이트 | http://www.dongyangbooks.com
　　　　　http://www.dongyangtv.com

ISBN 978-89-8300-788-9 14730
　　　 978-89-8300-786-5 14730 (세트)

머리말

　‘독해문제’란 단어의 뜻을 알고, 단어의 조합인 문장을 해석하고, 문장의 복합체인 지문의 내용을 정확히 파악한 후 문제문에서 주어지는 출제자의 의도, 지문에 나타나는 필자의 의도 등을 정확히 파악해야만 풀 수 있는 문제이기 때문에 해당 언어에 대한 종합적인 능력과 사고가 요구되는 문제이다.

　‘新일본어능력시험’ N3에서의 ‘독해문제’ 또한 일본어에 대한 종합적인 능력과 사고가 요구되는 문제로, 먼저 지문의 길이에 따라 단문, 중문, 장문이해 문제로 나누어지는데, 이들 3가지 유형은 기존의 3급 시험 유형과 거의 흡사하다. 그리고 시험의 마지막 부분에 나오는 ‘정보검색’ 문제는 ‘新일본어능력시험’에서 새롭게 출제되는 유형의 문제로, 여러 가지 항목이 조목별로 쓰여 있는 광고, 팸플릿, 정보지, 비즈니스 문서 등의 정보 소재로부터 어떠한 목적이나, 제시되는 과제에 대응하여 필요한 정보를 가능한 한 빠르게 찾아낼 수 있는지를 묻는 문제이다. ‘정보검색’ 문제는 다소 생소한 문제일 수는 있으나, 지문을 대충 훑어보고 나서 질문에서 요구하는 필요한 정보내용 부분을 침착하게 읽어나가면 비교적 쉽게 문제를 풀어나갈 수 있다.

　이 책의 특징을 좀 더 구체적으로 말하면 다음과 같다.

　이 책은 일본에서 확정 발표된 ‘新일본어능력시험’의 개정의도 및 목표 등을 소개한 가이드북의 내용과 ‘新일본어능력시험’ 형식으로 이미 시행된 독해시험, 특히 N3 독해시험을 4개 파트의 문제를 파트별로 철저히 분석하여 문제를 만들었다. 다시 말하면 ‘단문이해’, ‘중문이해’, ‘장문이해’, ‘정보검색’의 각각의 파트별 문제에 출제될 수 있는 문제의 특성 및 출제 경향을 내용적인 면과 형식적인 면에서 정확히 파악하여 문제를 구성했다. 그리고 파트별 실전 연습문제 뒤에는 독해문제를 종합적으로 체크해 볼 수 있도록 ‘실전 모의테스트’를 실어 놓았다.

　이 책에 파트별로 실린 풍부한 양의 문제를 직접 풀어 보면, 4개의 파트별 문제가 어떠한 테마(내용)를 중심으로 어떠한 형태로 출제되며, 지문, 문제문, 선택지 등을 어떠한 요령으로 읽고 체크해야 하며, 또한 어떤 요령으로 정답에 접근해 문제를 풀어야 할지 등의 독해문제의 전반적인 풀이 요령을 터득할 수 있을 것으로 생각된다. 4개의 파트별 문제 각 유형의 문제 출제 의도 및 특징과 문제 풀이 요령을 숙지한다면, 좋은 점수를 좀 더 용이하게 얻을 수 있을 것이다.

　따라서 이 책으로 N3 독해시험에 대비해 공부하고 연습을 한다면, 처음으로 ‘新일본어능력시험’ 독해시험을 보는 수험생들에게는 문제의 유형 및 풀이요령을 숙지하게 되어 당황하지 않고 본인의 실력을 제대로 발휘해 문제를 푸는데 도움이 될 것이며, 이미 시험을 본 경험이 있는 수험생들에게는 실전 문제에 가까운 풍부한 양의 문제 연습을 통해 ‘新일본어능력시험’의 독해시험에서 고득점을 얻는 데 실제로 큰 도움이 될 것이라 확신한다.

　아무쪼록 수험생 여러분이 이 책을 통해 ‘新일본어능력시험’ N3독해시험에서 높은 점수를 얻는 데 많은 도움이 되길 간절히 바란다.

저자

차례

머리말   03

차례   04

이 책의 구성   06

新일본어능력시험에 대해서   08

〈Part 1〉 문제 4. 단문 이해

    유형 분석 및 공략 TIP   14

    실전 연습문제   16

〈Part 2〉 문제 5. 중문 이해

    유형 분석 및 공략 TIP   46

    실전 연습문제   48

〈Part 3〉 문제 6. 장문 이해

    유형 분석 및 공략 TIP   78

    실전 연습문제   80

〈Part 4〉 문제 7. 정보 검색

    유형 분석 및 공략 TIP   96

    실전 연습문제   98

실전 모의테스트   114

C o n t e n t s

정답표   128

독해 문제 해석 및 단어정리

〈Part 1〉 문제 4. 단문 이해   130

〈Part 2〉 문제 5. 중문 이해   150

〈Part 3〉 문제 6. 장문 이해   164

〈Part 4〉 문제 7. 정보 검색   178

실전 모의테스트   190

이 책의 구성

1. 新일본어능력시험에 대해서

2010년부터 새롭게 바뀐 新일본어능력시험의 개정 포인트, 시험 과목과 시험 시간, 시험 결과, 자주 하는 질문 등과 N3 독해 문제의 구성을 한 눈에 알기 쉽게 정리하였습니다.

2. 유형 분석 및 공략 TIP

N3 독해 문제의 '단문 이해', '중문 이해', '장문 이해', '정보 검색'의 4개의 각 파트별 문제의 특성 및 출제 경향을 내용적인 면과 형식적인 면에서 정확히 분석하여 문제에 대한 전반적인 이해와 문제 풀이 요령을 익힐 수 있습니다.

문제의 형식, 문제풀이 방법, 문제 공략 TIP 등으로 분류하여 자세하게 설명되어 있습니다. 문제를 풀기 전 확인해 두면, 4개의 파트별 문제가 어떠한 테마(내용)를 중심으로 어떠한 형태로 출제되며, 독해 지문과 선택지 등을 어떠한 요령으로 읽고 체크해야 하며, 또한 어떠한 요령으로 정답에 접근해 문제를 풀어야 할지 등의 독해 문제의 전반적인 풀이 요령을 터득할 수 있습니다.

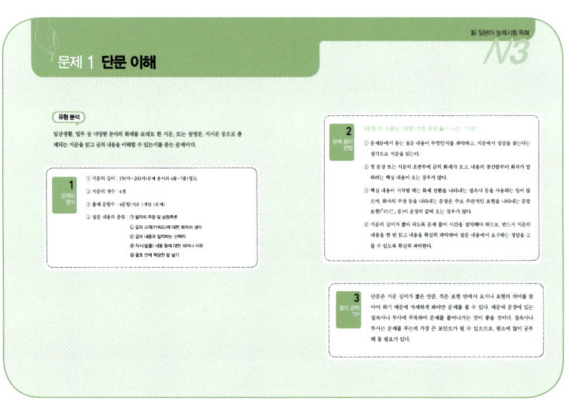

3. 실전 연습문제

총 7회 분의 실전 연습문제가 파트별로 수록되어 있습니다.

실제 일본어 능력시험과 같이 지정된 글자 수에 맞춰 지문이 구성되어 있어, 실제 시험과 지문의 길이에서 차이가 없도록 만들었습니다.

또한 다양한 분야를 다루고 있어 학습자가 여러 가지 지문에 친숙해 지도록 하였습니다.

4. 실전 모의테스트

실제 시험과 동일한 구성의 1회분의 실전 모의테스트가 수록되어 있어 시험 직전 모의테스트로 활용할 수 있습니다. 책 뒤에 OMR 체크표가 있어 실전과 같이 연습해 볼 수 있습니다.

5. 독해 문제 해석 및 단어 정리

본 책의 독해 지문과 선택지의 번역, 낱말과 표현이 들어있어 독해 문제 내용을 확인하고, 혼자서도 학습할 수 있습니다.

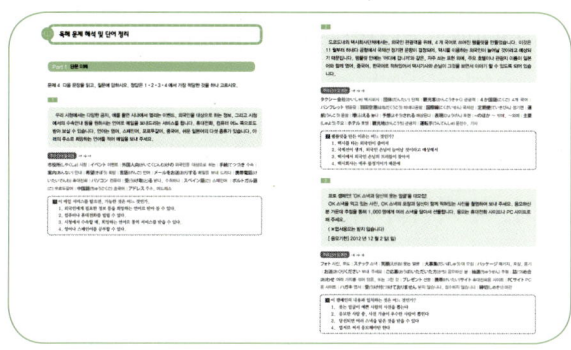

新일본어능력시험에 대해서

✽ 개정 포인트

1. 레벨이 4단계에서 5단계로 늘어났습니다.

레벨이 기존 시험의 4단계(1급, 2급, 3급, 4급)에서 5단계(N1, N2, N3, N4, N5)로 되었습니다. 新일본어능력시험의 레벨과 기존 시험의 급의 대응은 아래와 같습니다.

N1	기존 시험의 1급보다 약간 높은 수준입니다. 합격선은 기존 시험과 거의 같습니다. 폭넓은 장면에서 사용되는 일본어를 거의 이해할 수 있어야 합니다.
N2	기존 시험의 2급과 거의 같은 수준입니다. 일상적인 장면에서 사용되는 일본어의 이해를 넘어서 더 폭넓은 장면에서 사용되는 일본어를 어느 정도 이해할 수 있어야 합니다.
N3	기존 시험의 2급과 3급의 사이의 수준입니다. 일상적인 장면에서 사용되는 일본어를 어느 정도 이해할 수 있어야 합니다.(신설)
N4	기존 시험의 3급과 거의 같은 수준입니다. 기본적인 일본어를 거의 이해할 수 있어야 합니다.
N5	기존 시험의 4급과 거의 같은 수준입니다. 기본적인 일본어를 어느 정도 이해할 수 있어야 합니다.

*「N」은「Nihongo(일본어)」,「New(새롭다)」를 나타냅니다.

2. 합격점 이상만 받으면 합격이었던 기존의 방식과 달리 시험 난이도에 따라 합격점 기준이 변하는 상대평가 방식으로 바뀌었습니다.

3. 청해의 비중이 기존 1/4에서 1/3로 높아졌습니다.

4. 과목별 낙제점이 신설되어, 각 과목의 득점 구분에서 기준점 이상을 받아야 합격입니다.

* 시험 과목과 시험 시간

각 레벨의 시험 과목과 시험 시간은 아래와 같습니다.

레벨	시험 과목(시험 시간)		
N1	언어지식(문자·어휘, 문법), 독해 (110분)		청해 (60분)
N2	언어지식(문자·어휘, 문법), 독해 (105분)		청해 (50분)
N3	언어지식(문자·어휘) (30분)	언어지식(문법), 독해 (70분)	청해 (40분)
N4	언어지식(문자·어휘) (30분)	언어지식(문법), 독해 (60분)	청해 (35분)
N5	언어지식(문자·어휘) (25분)	언어지식(문법), 독해 (50분)	청해 (30분)

* 시험 시간은 변경되는 경우가 있습니다. 또 청해는 시험문제 녹음의 길이에 따라 시험 시간이 다소 바뀝니다.

**N1과 N2의 시험과목은 ①언어지식(문자·어휘, 문법), 독해, ②청해의 두 과목입니다.
N3, N4, N5의 시험과목은 ①언어지식(문자·어휘), ②언어지식(문법), 독해, ③청해의 세 과목입니다.**

* N3 독해 문제의 구성

큰 문제	예상 문항 수	문제의 내용 및 과제 목표	
문제 4	4	단문 이해	150~200자 정도의 내용을 읽고 적절한 답을 고르기
문제 5	6	중문 이해	350자 정도의 내용을 읽고 적절한 답을 고르기
문제 6	4	장문 이해	550자 정도의 내용을 읽고 적절한 답을 고르기
문제 7	2	정보 찾기	600자 정도의 글을 읽고 필요한 정보를 찾아 적절한 답을 고르기

✻ 시험 결과

(1) 시험 결과의 표시

각 레벨의 득점 구분과 득점의 범위는 아래와 같습니다.

레벨	득점구분	득점범위
N1	언어지식(문자 · 어휘, 문법)	0~60
	독해	0~60
	청해	0~60
	종합득점	0~180
N2	언어지식(문자 · 어휘, 문법)	0~60
	독해	0~60
	청해	0~60
	종합득점	0~180
N3	언어지식(문자 · 어휘, 문법)	0~60
	독해	0~60
	청해	0~60
	종합득점	0~180
N4	언어지식(문자 · 어휘, 문법), 독해	0~120
	청해	0~60
	종합득점	0~180
N5	언어지식(문자 · 어휘, 문법), 독해	0~120
	청해	0~60
	종합득점	0~180

N1, N2, N3의 득점 구분은 ①언어지식(문자 · 어휘, 문법), ②독해, ③청해의 3구분입니다.
N4, N5의 득점 구분은 ①언어지식(문자 · 어휘, 문법), 독해, ②청해의 2구분입니다.

* 자주 하는 질문

Q1 시험은 1년에 몇 번 실시됩니까?

A1 7월과 12월 두 번입니다. 다만, 외국에서는 7월 시험을 실시하지 않는 나라나 지역이 있습니다. 자세한 것은 국제교류기금의 웹사이트(www.jlpt.jp)에 게재합니다.

Q2 시험일은 정해져 있습니까?

A2 보통 7월과 12월의 첫째 주 일요일에 실시합니다.

Q3 향후, 시험 정보는 어디서 알 수 있습니까?

A3 일본어능력시험 웹사이트에서 수시로 갱신하기 때문에 www.jlpt.or.kr에 게재되는 내용을 참조해 주세요.

* 일본어능력시험 관할 지역

서울권(경기 · 대전 · 강원 · 충청 · 호남) : 일본어능력시험 서울 실시위원회
(02-723-8487)

부산권(영남 · 대구 · 울산) : (사) 부산 한일문화교류협회
(051-465-7323)

제주권 : 제주도 한일친선협회 (064-757-2164~6)

Part **1**

문제 4. 단문 이해

유형분석 & 실전 연습문제

유형 분석 및 공략 TIP
실전 연습문제 28문
(총 28지문 한 지문 당 1문)

문제 4 단문 이해

유형 분석

일상생활, 업무 등 다양한 분야의 화제를 토대로 한 지문, 또는 설명문, 지시문 등으로 출제되는 지문을 읽고 글의 내용을 이해할 수 있는지를 묻는 문제이다.

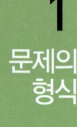

1
문제의 형식

① 지문의 길이 : 150자~200자(문제 용지의 4줄~7줄)정도

② 지문의 개수 : 4개

③ 출제 문항수 : 4문항(지문 1개당 1문제)

④ 질문 내용의 종류 : ㉠ 필자의 주장 및 심정추론

　　　　　　　　　　㉡ 글의 소재(키워드)에 대한 화자의 생각

　　　　　　　　　　㉢ 글의 내용과 일치하는 선택지

　　　　　　　　　　㉣ 지시(밑줄) 내용 등에 대한 의미나 이유

　　　　　　　　　　㉤ 괄호 안에 적당한 말 넣기

2
**문제 풀이
방법**

4문항(한 지문당 1문항) 적정 문제 풀이 시간 : 10분

① 문제문에서 묻는 질문 내용이 무엇인지를 파악하고, 지문에서 정답을 찾는다는 생각으로 지문을 읽는다.

② 첫 문장 또는 지문의 초반부에 글의 화제가 오고, 내용의 중간쯤부터 화자가 말하려는 핵심 내용이 오는 경우가 많다.

③ 핵심 내용이 시작될 때는 화제 전환을 나타내는 접속사 등을 사용하는 일이 많으며, 화자의 주장 등을 나타내는 문장은 주로 주관적인 표현을 나타내는 문말 표현(「のだ」 등)이 문장의 끝에 오는 경우가 많다.

④ 지문의 길이가 짧아, 되도록 문제 풀이 시간을 절약해야 하므로, 반드시 지문의 내용을 한 번 읽고 내용을 확실히 파악하여 질문 내용에서 요구하는 정답을 고를 수 있도록 확실히 파악한다.

3
**풀이 공략
TIP**

단문은 지문 길이가 짧은 만큼, 적은 표현 안에서 요지나 표현의 의미를 찾아야 하기 때문에 자세하게 봐야만 문제를 풀 수 있다. 때문에 문장에 있는 접속사나 부사에 주목하여 문제를 풀어나가는 것이 좋을 것이다. 접속사나 부사는 문제를 푸는데 가장 큰 포인트가 될 수 있으므로, 평소에 많이 공부해 둘 필요가 있다.

問題4 つぎの文章を読んで、質問に答えなさい。答えは、1・2・3・4から最もよいも
のを一つえらびなさい。

（1）

　私たちの市役所では、いろいろなお知らせ、たとえば市内で行われるイベント、外
国人向けの情報、そして、市役所での手続きの案内などを、ご希望の言語でメールを
お送りするサービスがあります。携帯電話、パソコンのどちらでも受け取ることがで
きます。言語は、英語、スペイン語、ポルトガル語、中国語、やさしい日本語の5つ
です。下記のアドレスまで、どれがいいかを書いて、メールしてください。

[1] このメールサービスを受けると、できることはどれか。

　　1　外国人に必要な情報などを希望の言語で送ってもらえる。

　　2　パソコンや携帯電話を借りることができる。

　　3　市役所での手続きの時、希望の言語で通訳をしてもらえる。

　　4　英語やスペイン語の勉強ができる。

（2）

東京都内のタクシー会社の団体では、外国人観光客のために、4か国語で書かれたパンフレットを作りました。これは、11月から羽田空港で国際線の定期便が運航されることになり、タクシーを利用する外国人が増えると予想されるためです。パンフレットの中には、「どこへ行きますか」といった、よく使う表現のほか、主要なホテルや観光地の名前が日本語とともに英語、中国語、韓国語で書かれていて、運転手とお客さんが、それを見ながら話ができるようになっています。

（※1）運航：飛行機が決まったところを進むこと

2　パンフレットを作った理由はどれか。

1　タクシーに乗る外国人が減っているから。

2　国際線ができて、外国人客が増えると予想したから。

3　タクシーで外国人客とのトラブルが多いから。

4　タクシー会社はとても景気が悪いから。

（3）

フォトキャンペーン！「OK スナックとあなたの笑顔」を大募集！

　OK スナックを食べている写真、OK スナックのパッケージとあなたがいっしょに写っている写真を撮影して、お送りください。ご応募（おうぼ）いただいた方の中から、抽選（ちゅうせん）で 1,000 名様にスナックの(※1)詰め合わせ（つめあわせ）をプレゼントします。ご応募は、携帯サイトか、PC サイトからどうぞ。

（※ハガキでのご応募は受け付けておりません）

【応募締切（しめきり）】2012 年 12 月 2 日（日）

（※1）詰め合わせ（つめあわせ）：一つの箱などに二種類以上のものをいれた状態。

3　このキャンペーンの内容と合うものはどれか。

1　笑顔のきれいな人の写真を選ぶ。

2　応募した人の中から、写真技術の優秀な人が選ばれる。

3　当選したら、スナックの詰め合わせがもらえる。

4　ハガキを書いて応募しなくてはいけない。

（4）

　　ゴールデンウィークということばを知っていますか。これは4月末から5月初めに
かけての、一年中で一番休日の多い週を意味する（※1）和製英語で、休日が長いことか
ら大型連休とも言います。この時期になると、連休を楽しむために旅行にでかける
人も多く、各地で様々なイベントが開催されます。また、実家に帰る人の帰省ラッ
シュで高速道路の渋滞が100キロもつづくことがあるほどです。連休の直前、直後
に土日や（※2）振り替え休日がある場合は、一週間以上も休むことができるため、海
外旅行を楽しもうとする人が一気に増え、空港も大変混雑します。

（※1）和製英語：日本で英語の単語をつなぎ合わせたり変形させたりして、英語らしく作った語
（※2）振り替え休日：祝祭日が日曜日と重なったとき、その次の日を休日とすること。

<u>4</u>　本文の内容に合うものはどれか。

　　1　ゴールデンウィークということばは英語を使う国々でも使われている。

　　2　ゴールデンウィークになると高速道路がものすごく混雑する。

　　3　ゴールデンウィークの期間はいつも一週間以上である。

　　4　ゴールデンウィークには観光地や空港などで様々なイベントが行われる。

（5）

> 最近大学を卒業しても就職せず、フリーターとして生活する人が多くなっている。本来フリーターとは、フリーランス・アルバイターの略称だが、現在は学生と主婦を除く 15 〜 34 歳の若者のうち、正式に就職しないでアルバイトで、生活する人を意味することばとして使われている。当初は自由な生活を楽しむためにみずからフリーターの道を選ぶ人もいた。しかしバブル経済が崩壊し、正式な就職もしにくい状況となって、今では仕方なくアルバイトで生計を立てる人が急増している。

5 この内容について、正しいものはどれか。

1 今でもフリーターの多くは自由な生活を楽しんでいる。

2 大学生が学費のためにアルバイトをするのもフリーターである。

3 最近は生活のため、仕方なくフリーターになることが多い。

4 35 歳未満の人がアルバイトをした場合、フリーターと呼ばれる。

（6）

> 　　秋口は季節の_{（※1）}変わり目です。湿気の多い夏とは違って、空気が乾燥するよう
> になります。水分が足りないと体調を崩し、風邪を引きやすくなるので注意しなく
> てはいけません。何よりものどを乾燥させないことが大事ですが、こんな時によく
> 使われるのが加湿器です。加湿器がない場合は、室内に濡らしたタオルをかけてお
> くか、洗濯物を干しておくだけでも十分効果があります。
>
> （※1）変わり目：物事の状態や季節が移り変わる時

6　この文章で乾燥対策として勧めている方法ではないものはどれか。

1　水をたくさん飲む。

2　部屋の中に洗濯物を干しておく。

3　室内に濡らしたタオルを干しておく。

4　加湿器を使用する。

（7）

「光の画家」

クロード・モネ回顧展

同じモチーフを異なった時間と光線の下で描き、数々の連作を発表した「光の画家」クロード・モネ。

このたび、当美術館では、パリの美術館（※1）所蔵のモネの名品45点に、国内外のコレクションから特に選んだ作品を加え、初期から晩年にわたる約100点を展示いたします。

観覧料／円	当日料金	前売料金	団体料金
一般	1,500	1,200	1,300
中学・高校生	1,000	800	900

◎団体料金は10名様以上の場合のみ適用とさせていただきます。

◎小学生以下は無料。◎障害者の方は無料。

（※1）所蔵：自分の所有物としてしまってあること

7 　当日小学生5人と大人17人が観覧する場合、観覧料はいくらか。

　　　1　28,600円

　　　2　25,500円

　　　3　22,100円

　　　4　15,300円

（8）

> ～はじめてでも安心。デジタルカメラ撮影教室～
>
> 　当社製品「スターカメラＧ４シリーズ」を（※1）お買い上げの皆さま向けのゼロから始める撮影教室のご紹介です。はじめにカメラの持ち方、基本操作の説明などを行います。その後、花や料理を撮影するのに便利な「マクロモード」を使って実際に撮影をしながら、写真の基礎を学んでいきます。プロが教える技術を覚えれば、撮影がもっと楽しくなります。当日はご自分の「スターカメラＧ４シリーズ」をお持ちください。
>
> 　時間：90分（1回）
>
> 　定員：15名
>
> 　参加費：500円　当日、受付にてお支払いください。
>
> （※1）お買い上げ：買ってくれたことをていねいに言うことば

　8　講座の当日に持ってくるものは何か。

　　　1　何も持ってこなくてよい。

　　　2　500円

　　　3　花と料理

　　　4　500円とカメラ

（9）

☆３周年記念！特別キャンペーンのご案内☆

　いつも「ダイエットサロン・ボーテ」をご利用いただき、まことにありがとうございます。

　おかげさまで、当店は、3月15日でオープン3周年（しゅうねん）をむかえます。皆様への感謝をこめて、3月1日から3月15日まで、会員の方限定（げんてい）で「上半身マッサージ特別キャンペーン」を (※1) 実施（じっし）いたします！

　エステティシャンの手によるマッサージをぜひ、この機会におためしください。先着順（せんちゃくじゅん）ですので、ご予約はお早めに。

（※1）実施（じっし）　：　本当にその計画をすること

---

[9]　特別キャンペーンの内容と合うものはどれか。

　1　エステティシャンが３人でする。

　2　予約の必要はない。

　3　ダイエットに効果的だ。

　4　会員だけが受けられる。

（10）

> スイカ（Suica）ということばを初めて聞いた時は、果物のスイカを思い出し、親しみやすい名前だと思いました。JR東日本が開発したスイカは、鉄道やバス、買い物などにも利用できるICカードです。最初は、鉄道の一部の区間でしか使えませんでしたが、バスでも使えるようになり、さらに電子マネー機能もついて、利用が広がりました。混雑した駅構内の売店で細かいお金がなくてもスピーディーな買い物ができることが好評となり、色々なところで使えるようになったのです。現在では、ほとんどのコンビニでお金の代わりに使うことができ、本当に便利です。

10 本文の内容に合うものはどれか。

1 スイカ（Suica）は果物の名前と同じなので間違える人が多い。

2 スイカ（Suica）は鉄道とコンビニでしか利用できない。

3 スイカ（Suica）は果物の名前と同じなので親近感が持てる。

3 スイカ（Suica）はすべてのコンビニで利用できる。

（11）

> 　高さ3,776mの日本一高い山である富士山は、四季を通してさまざまな姿を見せ、その美しさから世界にも広く知られています。登山道も整備されており、通行止めになる冬を除いて、山頂まで登ることもできます。　(※1) 麓までは車を利用できますが、最近は「マイカー規制」が行われているため、麓からはシャトルバスなどに乗り換えて登山口に行くようになっています。これは渋滞を防ぐとともに自動車の排気ガスから富士山の自然環境を守るために行われているものです。
>
> （※1）麓：山の下のほうの部分

11 「マイカー規制」が行われているのはなぜか。

　　1　冬は通行止めになるから。

　　2　環境保護、渋滞防止のために必要だから。

　　3　登山道の整備のため。

　　4　シャトルバスやタクシーに乗らせるため。

（12）

　運転免許を取得して1年以内の運転者は、初心者であることを示す標識を車のよく見える位置につけなければなりません。1972年に始まったこの標識制度は、そのマークが初心者をあらわすみどりの若葉の形をしていることから「若葉マーク」という愛称で親しまれています。この制度の目的は、初心運転者に対する事故防止と保護にあり、周囲の運転者は、無理に(※1)割り込みなどをしてはなりません。また最近は高齢の運転者を保護するための、「四つ葉マーク」と呼ばれる標識も登場しています。

（※1）割り込み：他の車の進路上の前方に進路を変える行為

12　「若葉マーク」と関係ないものはどれか。

　　1　初心運転者であることを示す標識

　　2　初心運転者を保護するための標識

　　3　おとしよりの運転者を守るための標識

　　4　運転免許を取ってから1年経ってないことを示す標識

（13）

> 牛乳が入っている牛乳パックは紙からできています。その紙は、じょうぶでなければならないので、おもに針葉樹という種類の木の曲がった枝の部分などを利用して作られています。針葉樹を育てるのには40年から50年ぐらいかかりますので、大切にリサイクルしなくてはいけませんね。
>
> リサイクルは、まず、みなさんが飲んだ後のパックをよく洗うことからはじまります。洗った後、切り開いて乾燥させます。この牛乳パックを回収して再生紙にし、トイレットペーパーなどのリサイクル製品を作っています。

13 本文の内容と合うものはどれか。

1 牛乳パックは再生紙からできている。

2 トイレットペーパーはリサイクルするのが大変だ。

3 針葉樹は育てるのに50年ぐらいかかる。

4 牛乳パックを洗う必要はない。

（14）

下のメールは、田中さんが吉田さんに送ったものである。

あて先：yoshida@tokyoco.co.jp

件名：カタログの再送付について

東京商社

営業部　吉田様

　いつもお世話になっております。大和物産の田中でございます。

先日貴社の新製品カタログ（※1）送付をお願い申し上げましたが、まだ到着していないようです。お手数ですが、ご確認の上、ご連絡をいただけませんでしょうか。また、新製品を注文した場合、（※2）納品までの期間もあわせてお教えください。

　よろしくお願いいたします。

大和物産

担当　田中誠

（※1）送付：送り届けること。送りわたすこと。
（※2）納品：品物を納めること。

14　田中さんが吉田さんにメールを送った目的は何か。

1　新製品カタログを送ったかの確認

2　注文した新製品を送ったかの確認

3　送った新製品カタログが到着したかの確認

4　注文した新製品をいつまで納品できるかの確認

（15）

下のメールは、田中さんが中村さんに送ったものである。

あて先：nakamura@tokyo.co.jp
件名：ご予約について

株式会社東京

対外協力部　中村 剛 様

　　平素より弊社をご利用いただき、まことにありがとうございます。

この度ご依頼いただきました10月2日ご出国、5日ご帰国予定(3泊4日)の東京－ソウル間の往復航空券の手配は、ご依頼のとおり予約を完了いたしました。(※1) 詳細につきましては、(※2) 添付ファイルをご確認ください。

　　なお、ご不明な点がございましたらご連絡ください。

　　よろしくお願いいたします。

ヤマサ旅行

田中順子

（※1）詳細：詳しいこと

（※2）添付ファイル：電子メールなどで文章と同時に送られるファイルのこと

15　田中さんが中村さんにメールを送った目的は何か。

1　航空券の予約を済ませたことを知らせること

2　帰国予定日について添付ファイルを送ってほしいこと

3　出国から帰国までの手続きについての変更を知らせること

4　不明な点があるので確認してほしいこと

（16）

2012年2月10日

松川製薬株式会社

総務部長　田中　元　様

田村製薬株式会社

総務部長　内村卓也

拝啓

　貴社ますますご清栄のこととお慶び申し上げます。

　さて、先日は、弊社の社員が貴工場の製造工程を見学させていただき、誠にありがとうございました。また生産部課長の吉田様をはじめご担当の方々から、丁寧なご説明をいただき、（※1）かさねて厚くお礼申し上げます。

　お陰さまで、見学させていただいた社員一同、製造工程について多様な知識を身につけることができました。どうか、今後とも、ご指導よろしくお願い申し上げます。

敬具

（※1）かさねて：もう一度、ふたたび

16　このビジネス文書の内容に合うものはどれか。

1　近いうちに工場に行って、挨拶でもしたい。

2　製造工程を見学することができるか確認したい。

3　工場見学をした時に詳しく説明してくれたので感謝する。

4　担当者の人たちに、製造工程について説明してほしい。

（17）

住民の皆様へ

ガス機器　定期点検のお知らせ

　下記の日程で、ガス機器が正常に作動しているかの点検作業を行います。点検には、住んでいる方の（※1）立ち会いが必要となります。下記の指定時間中は、お部屋に必ずいらっしゃるようにしてください。皆様の安全のために必要な検査です。どうかご協力よろしくお願いいたします。

※立ち会いが無理な場合は、17日(金)までに管理人へ必ずご連絡ください。

日時：2012年9月24日(月)午前9時〜11時

（各部屋10分程度の予定です。）

（※1）立ち会い：その場所にいっしょにいること

17　住民がしなくてもいいことは何か。

1　ガス機器の定期点検を受けること

2　不在の場合の事前連絡

3　指定時間に家にいること

4　ガス機器のそうじ

（18）

　　運動をすると体が熱くなり、汗をかく。人間はなぜ汗をかくのだろうか。人間は動くためのエネルギーを食べ物から取ったり、動きまわったりしたときに「熱」を生んでいる。熱が出ると、人間の体温は上がる。しかし人間の (※1) 深部体温は37度前後で一定に (※2) 保たれなければ、生きていくことができないようになっている。そこで汗をかいて体温を下げ、体温を一定の範囲内に保つために 調節しているのだ。汗は体温を調節してくれるとても大切なものだが、最近では低体温症のために、汗をかかない人も増えており、問題になっている。

（※1）深部：深いところ
（※2）保つ：ある状態のまま、かわらないようにする

18　なぜ人間は汗をかくのか。

　　1　体を熱くするため

　　2　水をたくさん飲むため

　　3　体温を調節するため

　　4　食べ物からエネルギーを得るため

（19）

夏になると、毎日のように暑い日がつづくため食欲をなくし、元気を失う人が多いですが、元気回復のための料理と言えば、何と言ってもうなぎ料理が最高です。特に、暑い夏にはうなぎを食べると、元気に過ごすことができるとされており、昔から日本人に親しまれてきたそうです。うなぎにはビタミン群がたっぷり入っており、中でもビタミンAが豊富に含まれています。ビタミンAは、ほうれん草や人参などにも多く含まれていますが、暑い夏であればあるほど野菜は不作になる傾向があるため、うなぎは夏場のビタミンAの重要な供給源と言えます。

---

19 本文の内容に合うものはどれか。

1 うなぎには様々なビタミンがたくさん含まれている。

2 夏に負けないためには、うなぎを食べなければならない。

3 うなぎにはほうれん草よりビタミンAが多量含まれている。

4 うなぎを食べる時は食欲をアップさせるためにビタミンを飲む。

（20）

> 日本で花見というと、一般的に桜の花を見ることを意味します。春になると、日本全国に桜の花が咲き始めますが、日本列島は南北に細長い形をしているため、地域ごとに開花する時期が少し違います。開花は 3 月下旬、九州南部から始まり、四国、関東、東北へと北上し、5 月上旬に北海道に至ります。この開花予想日を結んだ線をマスコミでは（　　　　　）と呼んでいます。1967年から行われてきた気象庁による開花予想発表は2010年からは中止になりましたが、代わって民間の気象情報会社によって提供されるようになりました。

20 　本文の（　　　　　）内に入ることばとして合うものはどれか。

　　1　桜前線

　　2　梅雨前線

　　3　寒冷前線

　　4　温暖前線

(21)

> 携帯電話の契約数が年内に世界の人口の8割近い53億件になるだろうと、国連の専門機関である「国際電気通信連合」が発表しました。電話線がいらない携帯電話はインターネットを整備するのに比べて簡単なため、契約のうち38億件は (※1) 途上国に集中しています。先進国では、人口よりも契約数が多く、一人一台以上の携帯電話を持つ人が増えているようです。また、先進国を中心に、より速い通信ができる「第3世代」の携帯電話の利用が広がっている、との発表もありました。
>
> （※1）途上国：経済的に進んでいる国にくらべて、発展の途中にある国

21 本文の内容に合うものはどれか。

　　1　携帯電話の全契約数のうち途上国地域の契約数が多い。

　　2　先進国では「第3世代」の携帯電話の契約数のほうが多い。

　　3　携帯電話よりインターネットの整備のほうが簡単だ。

　　4　携帯電話の契約数は世界の人口の半分程度である。

（22）

　　日本語では、お父さんのお兄さんも、お母さんの弟も、道を歩いている（※1）年配^{ねんぱい}の男の人のことも、みんな「おじさん」と言う。もともとは、父母の男の兄弟を呼ぶときに使い、そのうち、他人のことも「おじさん」と呼ぶようになったらしい。父母の兄の場合は「伯父さん」、弟の場合は「叔父さん」という漢字を使うが、読み方はどちらも「おじさん」だ。しかし、最近では一人っ子が増え、結婚した二人ともに兄弟がいないこともある。そうすると、その夫婦から生まれた子供にはおじさんがいないということになる。今後は、日本から「おじさん」が減っていくかもしれない。

（※1）年配^{ねんぱい}：中年以上の人

22　なぜ、日本から「おじさん」が減っていくかもしれないのか。

　　1　人口が減っているから。

　　2　一人っ子が増えているから。

　　3　「おじさん」と呼ぶのは失礼だから。

　　4　「叔父さん」と「伯父さん」は違う読み方だから。

(23)

> 　人の体温はだいたい36度から37度です。その体温を保（たも）つために、2つのものが大きな働きをしています。
>
> 　まず一つめは血管（けっかん）です。体が熱くなったなと感じたら、まず血管が変化します。体の表面近くにある血管が広がって、体の奥の方で熱を持った血液は体の表面に集まってきます。ここで、熱を体の外に逃がすのです。血液は体中を回っているので、熱を出した血液はまた体の奥に戻っていきます。もう一つの主役は汗（あせ）です。体が熱くなると、汗がたくさん出てきます。汗はほとんどが水分ですから （※1）蒸発（じょうはつ）します。このときに体の熱を一緒に持って行ってくれるのです。
>
> （※1）蒸発（じょうはつ）：液体が気体になること。

23　人の体温は何の働きによって保たれているか。

　　1　血液と血管
　　2　汗と水分
　　3　蒸発と熱
　　4　血管と汗

(24)

「訪問のお知らせ」　　　306号室　横山様

2013年全国 (※1)世帯調査のために、調査員が本日(8月25日)15時30分に (※2)貴宅
を訪問いたしましたが、お会いできませんでしたので、メモを残します。

- (※3)同封の調査紙に必要事項をご記入ください。
- 調査紙は、調査員が貴宅を訪問して直接回収します。

　(その際に簡単な質問事項に答えていただく場合があります)

- ご希望の回収日を、下記連絡先までお知らせください。

住民の皆様のご協力をお願いいたします。

調査員氏名　　星野洋子(東区担当)

調査員連絡先　020-1234-5678

(※1)世帯：住んでいるところや生活をいっしょにしている人たちの集まり
(※2)貴宅：相手の家をていねいにいうことば
(※3)同封：同じふくろにいっしょに入れてあること

24 　本文の内容と合うものはどれか。

1　調査員に電話をして人口調査を受けなければいけない。

2　306号室の住人は8月25日に調査を受けた。

3　調査紙は調査員に直接渡さなくてもいい。

4　希望する日時を連絡して回収日を決めなくてはいけない。

(25)

最大40％セール！！２倍ポイントも！！作ったその日から、あなたの生活がもっと便利に、そして _{（※1）} お得（とく）になるカードのご案内です。全国のKKデパートでご利用の度（たび）に、10パーセント分のポイントがつきます。お誕生日の月には、ポイントが２倍に。さらに、最大40パーセントも割引になる会員制セールにご案内いたします。またカードの提示（ていじ）でKKシネマの映画が500円割引になるサービスも。ぜひこの機会にカードを作ってみませんか？

（※1）お得（とく）：利益を得られること

25 カードを作ると、できることはどれか。

1 全国のデパートでの買い物がいつも40パーセント割引になる。

2 1年に２回ある会員制のセールに招待される。

3 KKシネマの映画の無料券がもらえる。

4 KKデパートの利用の度に10パーセントのポイントがもらえる。

（26）

【指導回数】週2回程度（週4～6時間）

【指導学年】中学2年生、女子

【指導科目】英語・国語・数学

【指導内容】生徒は、英語がかなり苦手（平均点より10点以上低い）。国語、数学
も平均点程度のため、教科書の内容を完全にマスターすることを目標と
し、平均点20点アップを希望。（インセンティブあり）

※理工系女子大生希望。文系の方もご相談ください。

その他お問い合わせ、応募は以下のアドレスまでご連絡ください。

【メールアドレス】 Koukou@k_kyoushi.com.

26 これは何のお知らせか。

1 中学生向け学習塾の授業案内広告

2 中学生のための家庭教師募集広告

3 理工系女子大生による家庭教師紹介広告

4 理工系女子大生向けの企業案内広告

（27）

我が家の定番レシピ！

<作り方>

　まず、調味料をあわせておきます。次に、鶏肉を皮の方からフライパンに入れ、パリッと (※1) きつね色に焼き、 (※2) 裏返します。肉から出た油をキッチンペーパーなどで取ります。合わせておいた調味料を入れて、汁をまわすようにかけながら、もっと焼きます。鶏肉の料理は、火の調節がポイント！調味料を入れてからは (※3) 焦がさないようチェックしてください。

（※1）きつね色：うすい茶色。おいしく見える色のこと。
（※2）裏返す：表と裏を反対にする
（※3）焦がす：焼いて黒くすること

27　この料理で一番注意しなくてはいけないのは、どれか。

1　調味料を合わせておくこと

2　汁をまわすようにかけること

3　火を調節すること

4　肉から出た油を減らすこと

（28）

> 　10年後の日本は「今より良くない」と考えている人が75.2％に (※1) 達し、これま
> での調査で最高だった1996年の数字を超えたそうです。悪い方向に向かっていると
> 考える人の中で、もっとも多かったのは、就 職 できるか、などの「雇用・労働状
> 況」に関係するもので66.2％でした。そのほか「老後の生活にお金の面で不安を感
> じる」としている人は50.3％でした。さて、10年後の2020年は、どのような社会に
> なっているのでしょうか。
>
> （※1）達する：ある数字になること

28　本文の内容と合うものはどれか。

1　10年後の日本は、良い方向に向かっていると考えた人が多かった。

2　10年後の日本は、就職の状況が良くなっていると考えた人が多かった。

3　10年後の日本は、老後の生活が難しいと考えた人がいちばん多かった。

4　10年後の日本は、雇用・労働状況が悪くなっていると考えた人がいちばん
　　多かった。

Part **2**

문제 5. 중문 이해

유형분석 & 실전 연습문제

유형 분석 및 공략 TIP
실전 연습문제 42문
(총 14 지문 한 지문 당 3문)

문제 5 중문 이해

유형 분석

수필문, 설명문, 논설문 등의 지문을 읽고, 글 전체의 키워드, 또는 지문 내용의 인과관계나 이유를 이해할 수 있는지를 묻는 문제이다.

1
문제의 형식

①텍스트의 길이 : 약 350자(문제 용지의 9줄~11줄)정도

②지문의 개수 : 2개

③출제 문항수 : 6문항(지문 1개당 3문제)

④질문 내용의 종류 : ㉠ 필자의 생각 및 주장

　　　　　　　　　　　㉡ 내용간의 인과관계나 이유

　　　　　　　　　　　㉢ 글의 요약

　　　　　　　　　　　㉣ 글의 세부적인 포인트

　　　　　　　　　　　㉤ 해당 내용의 문맥에서의 의미

2
문제 풀이 방법

6문항(한 지문당 3문항) 적정 문제 풀이 시간 : 10분

① 먼저 지문을 빠른 속도로 읽고, 글 전체의 대체적인 내용을 파악한다.

② 다음으로 문제문을 보고, 필요한 부분을 좀 더 자세하게 읽고 이해한다.

③ 필요한 부분을 읽을 때는 전체 내용과 비교하면서 읽는다.

④ 몇 개의 단락으로 나누어져 있으므로 단락별 요약과 요점을 파악해야 하는 경우도 있다.

3
풀이 공략 TIP

내용 이해가 목적이므로 논설문과 설명문이 중심으로, 주로 문제는 필자가 말하고자 하는 것, 본문과 일치하는 것, 밑줄의 말은 어떤 의미인가 하는 전반적인 내용을 이해하는 가에 초점을 두는 문제가 많다. 전체적으로 읽고 이해하는 것이 중요한 문제로, 질문을 읽고 다시 지문의 세부적인 내용을 살펴보아야 한다.

問題5　つぎの文章を読んで、質問に答えなさい。答えは、1・2・3・4から最もよいも
　　　のを一つえらびなさい。

（1）

　自動販売機の天国、日本。初めて日本に来た外国人なら、街のいたるところに立っている自動販売機の多さにびっくりすることでしょう。①それもそのはず、一番よく見かける飲料やタバコをはじめ、ビール、アイスクリーム、うどん、カップめん、ハンバーガー、たこ焼き、フライドポテト、果物、雑誌、新聞など、様々な販売機があるからです。現在その数は500万台にのぼっており、近くにコンビニがなくても、不便を感じないほどです。

　だからといって、タバコやビールなどを誰もが買えるというわけではありません。大人にしか買えないように、販売時間や設置する場所に制限があります。また、これらの販売機には大人であるかどうかを確認するための機能が付いており、青少年には利用できないように工夫されています。

　②特定の大人向けの商品を除いて、様々な自動販売機をいつでも誰でも利用できるため、確かに便利ではありますが、実は全国のあちこちに設置されている500万台にのぼる自動販売機は消費電力が大きいため、省エネ時代の悩みの種となっており、政府も規制する方針を明らかにしています。

1 　①それもそのはずと言った理由は何か。

1　色々な自動販売機がたくさんあるから。

2　町には飲み物がめずらしいから。

3　自動販売機は大都市に集中しているから。

4　青少年には買えないから。

2 　②特定の大人向けの商品とは何か。

1　カップめん

2　ジュース

3　缶ビール

4　うどん

3 　本文の内容に合うものはどれか。

1　全国に設置されている自動販売機の数は増えている。

2　自動販売機はどこにでも設置できる。

3　自動販売機は消費電力が大きいため問題になっている。

4　特定のカップめんの自動販売機はよく見かける。

（2）

　　来週、近所のパン屋が引っ越すそうだ。母の話では、わたしが小学校に入る前か
らずっと同じ場所にあったそうだ。自分が覚えているだけでも10年以上になる。何
か記念すべきことがある度にあそこのパン屋でケーキを買ったのに、古くなったビ
ルの (※1) 建て替えで隣の町に移ってしまうのだ。①とてもさびしくて、「建て替え
なんてやらなきゃいいのに」と思うほどだ。

　　わたしは小さい頃からあそこのパンが大好きだった。母に (※2) ねだって買っても
らったメロンパンの味は今でも忘れられない。家族の誕生日を祝う時もいつもあの
パン屋にケーキを頼んだ。当日の夕方になると、おじさんがいつもわざわざ家まで
持ってきてくれたので、②ケーキが届くまで (※3) わくわくしながら待っていたこと
を覚えている。

　　中でも記憶に残っているのは、小学校を卒業し、中学生になって初めて迎えた誕
生日のときのことである。パン屋のおじさんが中学生になったお祝いに、私の好き
なメロンパンを袋いっぱいにくれたのだ。その日焼いたものの中で一番おいしくで
きたものを選んできたと言う。おじさんはおいしいパンを焼いてくれただけでな
く、とてもやさしくしてくれた。いつまでも忘れられないだろう。

（※1）建て替え：家などを建てなおすこと

（※2）ねだる：甘えて要求する

（※3）わくわくする：期待・喜びなどで興奮する

4　①<u>とてもさびしくて、「建て替えなんてやらなきゃいいのに」と思うほどだ</u>とあ
　　るが、どうしてさびしいのか。
　　1　小さい時から慣れ親しんだパン屋だから。
　　2　安くておいしいパンを作ってくれるから。
　　3　誕生日の時はいつもおまけをくれたから。
　　4　近所にパン屋が一つしかないから。

5　②<u>ケーキが届くまでわくわくしながら待っていたことを覚えている</u>とあるが、ど
　　うしてわくわくしたのか。
　　1　おまけが食べたいから。
　　2　早くケーキが食べたいから。
　　3　待たされるのはいやだから。
　　4　こっそり食べたいから。

6　この文章の内容と合わないものはどれか。
　　1　近所のパン屋が引っ越してしまうのでさびしい。
　　2　新しいパン屋ができるのが楽しみだ。
　　3　あのパン屋には小さい時からの思い出がある。
　　4　パン屋のおじさんはとてもやさしい人だった。

（3）

　今、世界中でLCCと呼ばれる航空会社が増えている。LCCとはローコストキャリア、つまり低価格の航空会社の略である。たとえば、(※1)大手航空会社だと日本と中国の上海を往復する航空券の代金は約５万円だが、あるLCCの航空券は約３万円だ。

　こうしたLCCは、どうして安いのだろうか。その理由は(※2)コストカットにある。通常無料で配られるジュースや毛布、ヘッドホン、雑誌など、ほとんどの機内サービスがLCCでは有料になっている。またチケットの販売は、インターネットによる予約販売のみ、というのが一般的である。使用料金が安い小さな空港を利用することも多い。

　アメリカのあるLCCでは、会社の飛行機は一種類だけにしている。整備と教育にかかる時間と人間を減らすことができるからだ。LCCは、こうした努力によって安い価格を実現している。これまでの「飛行機は空の上のホテル」というイメージはもうないが、安さという魅力で多くの利用客を集めている。

（※1）大手：大きな会社のこと

7   LCCとは何か。

　　1　安い価格の航空会社の名前

　　2　運賃が安い航空会社の略称

　　3　大手航空会社のニックネーム

　　4　使用料金が安い小さな空港

8   LCCが人気になった理由は何か 。

　　1　サービスが良くホテルのようなイメージだから。

　　2　５万円が３万円になるなど、割引率が高いから。

　　3　いくつかの空港から人気の空港を選ぶから。

　　4　チケットが安いという魅力があるから。

9   本文の内容と合うものはどれか。

　　1　LCCは、できるかぎりのコストカットをしている。

　　2　LCCではジュース、毛布、ヘッドホンなどは無料である。

　　3　LCCはサービスがよく、空の上のホテルとも呼ばれている。

　　4　LCCでは日本と中国の上海を結ぶ路線がとくに人気である。

（4）

　お米に含まれる栄養分の70％以上は、体や脳を動かすエネルギーの元となる「でんぷん」です。とくに、お米の「でんぷん」は質がよく、食べるとすぐに力が出て、その力を保ち続けることができます。スポーツ選手が、「試合の前におにぎりを食べる」と言うのを聞いたことがありませんか？おにぎりは、(※1) 手軽なスタミナ食なのです。つぎに多く含まれる「たんぱく質」は、血や肉など、体をつくるために大切な栄養です。そのほかに、お米は体の調子を (※2) 整える「ビタミン」なども含んでいます。

　また、ごはんはお米に水を吸わせて (※3) 炊くので、水分を多く含み、少ない量でも、お腹がいっぱいになります。そして、エネルギーとして消費されやすいので、太りにくいのです。このように、ごはんの食事は、健康に必要な栄養がバランスよく含まれていることに加え、ダイエットに合っているという利点もあります。

　最近では簡単にパンで食事をするという人も多いようですが、昔から伝わるごはんの食事を見直してほしいものです。

（※1）手軽：簡単で楽なこと
（※2）整える：バランスなどが合うようにする
（※3）炊く：米などを煮て、食べられるようにする

10 お米の「でんぷん」はどんな栄養か。

1 体のなかの血や肉、細胞など体を作るための栄養

2 体の調子を整える栄養

3 体や脳を動かすエネルギーとなる栄養

4 体にたまりにくく消費されやすい栄養

11 スポーツ選手が「試合の前にはおにぎりを食べる」のはなぜか。

1 食べるとすぐ力が出るから。

2 少ない量でもお腹いっぱいになるから。

3 エネルギーとして消費されやすいから。

4 日本人はおにぎりが好きだから。

12 本文に合うものはどれか。

1 お米には水分がたくさん含まれている。

2 米に、もっとも多く含まれている栄養分は「たんぱく質」である。

3 「ビタミン」は血や肉など、体を作るために必要な栄養分である。

4 米は健康に必要な栄養がバランスよく含まれているので、食べるべきだ。

（5）

　　「先進諸国で高齢化社会に入った」と聞くことが多いですが、じつは日本は高齢化社会を過ぎて、すでに高齢社会に入っています。人口全体のなかで65歳以上の人口が占める割合が7％以上の社会を高齢化社会と言い、14％以上であれば高齢社会、20％以上の場合は超高齢社会といいます。

　　こうした高齢化は、医学の発達で死亡率が下がり、高齢者が増えたことによって起きますが、これとともに、結婚しても子どもを産まなかったり、一人しか産まない夫婦が増えたために　(※1)少子化が進んでいることも大きな問題です。少子化の原因には、最近では不況の影響などで以前より結婚しにくくなっていること、結婚して子供を産むとしても子育てと仕事が両立できる環境がまだまだ充実していないため、働く女性の出産意欲が低くなっていることなどがあげられます。

　　このような少子・高齢化による問題は、経済、政治、社会などの様々な分野に影響を与えています。

　（※1）少子化：出生率が低くなり、子供の数が減少し続けること

13　本文の内容に合うものはどれか。

　　1　高齢化社会は、医学が発達している証拠でもある。

　　2　高齢化すると、結婚しても子どもを産まない。

　　3　日本は今、高齢化社会である。

　　4　死亡率が減って、高齢者が増えることはいいことだ。

14　高齢化社会の定義として合うものはどれか。

　　1　65歳以上の人口の割合が7％から14％未満の社会

　　2　65歳以上の人口の割合が14％以下の社会

　　3　65歳以上の人口の割合が19％以下の社会

　　4　65歳以上の人口の割合が14％から20％以下の社会

15　少子化の原因の一つであるといえるものはどれか。

　　1　女性が子育てを嫌がるから。

　　2　日本では、仕事をしながら子供を育てることができないから。

　　3　不景気などで以前より結婚しにくくなっているから。

　　4　専業主婦の出産意欲が低くなっているから。

（6）

　　エコポイントとは、(※1)省エネ性能の高いエアコン、冷蔵庫、地上デジタルテレビといった、(※2)グリーン家電を買う時にもらえるポイントのことです。地球温暖化対策、経済の活性化および地上デジタルテレビ普及などを図るために作られました。特に地球温暖化の一番の原因とされるCO_2についての知識がない消費者でも、環境にやさしい省エネ家電に買い換えることで、家庭から地球温暖化対策を実践できるようにしたものです。

　　もらったポイントは、様々な省エネ商品や電子マネーなどのサービスと交換することができますが、これまでポイントを申請する手続きが複雑だったため、利用率が低いことが問題でした。今後は、この点を改善していくそうです。また対象となる家電の省エネ基準の強化、省エネ性能が高いLED電球などを普及させるための特別な措置も取るそうです。

（※1）省エネ：電力、石油、ガスなどの消費の節約を図ること
（※2）グリーン家電：環境にやさしい家庭用電気製品

16 本文の内容に合うものはどれか。

1 エコポイントはどんなものを買ってももらえる。

2 エコポイント制度はこれからもっと改善されていくようだ。

3 省エネ性能の高い家電を買えば、割引をしてくれる。

4 エコポイントは商品交換だけが可能である。

17 エコポイントの対象でないものはどれか。

1 省エネエアコン

2 省エネ冷蔵庫

3 LCDテレビ

4 グリーン家電

18 エコポイントの申請率が低い理由はどれか。

1 申請する手続きが複雑だから。

2 とても利便性がよさそうだから。

3 省エネ家電を売っていないから。

4 省エネ基準を守っていないから。

（7）

　　ますます環境問題が深刻化している中で、現在日本は、国民が一緒になって「チャレンジ25キャンペーン」という国民運動に (※1) 力を入れています。これはもともと「チーム・マイナス６％」と呼ばれていた運動が新しくなったものです。

　　「チーム・マイナス６％」は、地球温暖化という問題の解決のため、2012年までに日本のCO_2の排出量を1990年に比べて6％減らすことを世界に約束し、これを実現するための国民的プロジェクトでした。

　　その後、2009年9月、ニューヨークで開かれた国連気候変動サミットで、日本の首相が2020年までに、1990年度よりCO_2の排出量を25％減らすことを (※2) 表明しました。こうしたことから、名前を「チャレンジ25キャンペーン」に (※3) 改め、以前より多くのCO_2削減に向けた国民的運動に生まれ変わったのです。この運動では、CO_2を減らすため、産業部門だけでなく、オフィスや一般家庭でも実践できるような具体的な行動を提案しています。

（※1）力を入れる：熱心に努力する
（※2）表明する：考えや決意をあらわして明らかにする
（※3）改める：これまでのをやめて、別のものにする

19　この文章では、「チャレンジ25キャンペーン」とはどのようなことだと言っているか。

　　1　1990年より、CO$_2$の排出量を25％減らすための国民運動

　　2　2009年より、CO$_2$の排出量を25％減らすための国民運動

　　3　「チーム・マイナス６パーセント」より先に行われた国民運動

　　4　日本の首相が提案した国民運動

20　「チーム・マイナス６％」とは、どのような運動か。

　　1　みんなでCO$_2$を６％ふやすための国民運動

　　2　みんなでCO$_2$を６％減らすための国民運動

　　3　1990年から始まった地球温暖化防止のための国民運動

　　4　2009年から始まった地球温暖化防止のための国民運動

21　この文章の内容と合わないものはどれか。

　　1　温暖化防止のために家庭でも実践が必要だ。

　　2　チャレンジ25キャンペーンはより強化された温暖化防止活動だ。

　　3　チーム・マイナス６％によって、実際にCO$_2$を６％減らした。

　　4　環境問題はさらに深刻になっている。

（8）

　　皆さんの財布の中のお札を見てみてください。福沢諭吉、樋口一葉、野口英世など、お札には有名な人たちの顔が描かれていますね。あまりに見慣れているため、いつもは何も考えないで使っていますが、お札にはなぜ有名な人たちの (※1) 肖像画が印刷されているのでしょうか。そこには意外と深い意味がありました。

　　日本銀行の資料によると、肖像画を使うのは、「(※2) 偽造防止」「親近感」「判別のしやすさ」などの理由があるのだそうです。私たちの目には人の顔を見分ける能力があり、顔が少しでも (※3) ぼやけたりしているだけで「違う」という気がします。また人の顔には親近感を持ちやすいといわれ、そのため記憶もしやすいのです。こうした特性を利用し、お札に人の顔を入れることで、本物のお札と (※4) ニセ札とを見分けやすくしようというわけです。

（※1）肖像画：人の顔を中心に上半身を描いた絵
（※2）偽造：本物に似ているように作ること
（※3）ぼやける：はっきりと見えないこと
（※4）ニセ札：本物に似ているように作ったうそのお札

22 <u>いつもは何も考えない</u>とあるが、何を考えないのか 。

1 財布の中のお札を見慣れていること

2 なぜお札に人の顔が描いてあるのかということ

3 どうやってお札を作っているのかということ

4 なぜお札の絵に福沢諭吉や樋口一葉が選ばれたのかということ

23 肖像画を使う理由として当てはまらないものはどれか。

1 親しみやすさがあるから。

2 法律で決まっているから。

3 ニセ札防止のため。

4 少し違っていても見分けられるから。

24 本文の内容と合うものはどれか。

1 お札に人の顔が描いてあるのは、ニセ札を判別しやすくするためだ。

2 人間の目は、顔がすこし違っているだけではわからない。

3 人間の顔は覚えやすいので、お札に描くのは簡単だ。

4 有名な偉い人の肖像画をお札に入れると、利用しやすい。

（9）

春になると花粉症で悩む人が一気に増えます。花粉アレルギーとも言われる花粉症は、主に春の花が咲き始める時期に症状が現れたり、悪化したりします。花粉症の原因となる植物は、日本だけで60種類以上もあるとされており、その中で、スギの木が一番大きな原因とされています。

昔は花粉症になる人は珍しかったのですが、統計によると、最近になって急に増えたそうです。昔に比べて患者が増えたことには、色々原因があるとされていますが、その一つとして医療技術の発達もあると見られています。（※1）かつては花粉症であることが分からなかったのに、医療技術の発達に伴って発見できるようになったということです。

花粉症は、原因となる花粉を遠ざけることが一般的な治療方法とされています。花粉アレルギーのある人は、できるだけ外出をしないで、室内に花粉が入ってこないように防ぐ必要があります。仕方なく外出をする時はフィルター付きのマスクをつけるのも一つの方法ですが、まず免疫力を高めていくことが重要です。

（※1）かつて：昔、以前

25 花粉症の説明として、本文の内容に合わないものはどれか。

    1 花粉アレルギーともいう。

    2 春になると症状が悪化する。

    3 原因となる植物は60種類だけだ。

    4 花が咲く時期に現れる。

26 花粉症患者が急増した理由について、本文の内容に合うものはどれか。

    1 アレルギー患者が増えたため

    2 医療技術が発達したため

    3 統計の出し方が変わったため

    4 治療がむずかしくなったため

27 花粉症の治療方法として、本文の内容に合わないものはどれか。

    1 なるべく外出をしない。

    2 花粉が家の中に入らないようにする。

    3 出かける時はマスクをつける。

    4 免疫剤を飲む。

（10）

　　地球上にある資源には限りがあり、数十年から数百年後にはなくなるともいわれています。そして、この資源問題と同じように深刻なのがゴミの問題です。私たちの社会では、人口が増え、ひとりひとりの生活にあわせた便利なものもたくさん増えてきましたが、その分たくさんのゴミが出るようになりました。ゴミが増え続けた結果、それらのゴミをもやす場所がない、捨てる場所がない、などの問題もおこってきました。

　　こうしたゴミの問題と資源の問題を一つの問題として考えることで、解決していこうとする３R運動が最近、新しく始まりました。資源を節約しながら、ゴミをゴミではなく資源のひとつとして再利用しようという運動です。Reduce＝資源の使用を減らす、Reuse＝くりかえして使う、Recycle＝資源を再利用する、の3つの言葉の頭文字の「R」をあわせて、3Rとよばれています。ゴミになるもの自体を出さないようにするという意味では、Reduceの活動から始めることが大切でしょう。

28　3R運動に当たるものはどれか。

　　1　数百年後にはなくなってしまう資源を保護する運動

　　2　ゴミをもやしたりすてたりする場所を見つける運動

　　3　すてるときに、資源とゴミの分別をすすめる運動

　　4　ゴミを資源のひとつとして再利用する運動

29　本文にある「Reduce＝資源の使用を減らす」に合う行動はどれか。

　　1　着なくなった服をフリーマーケットに持って行く。

　　2　紙皿や紙コップを使わず、マイカップを使う。

　　3　ペットボトルを集めていすを作る。

　　4　なるべく値段が安いものを買う。

30　本文の内容に合うものはどれか

　　1　ゴミ問題のほうが資源の問題より深刻だ。

　　2　ゴミを減らすことと資源を節約することは同時にできる。

　　3　ゴミが増えたのは、ゴミをすてる場所がないからである。

　　4　資源問題の解決のために新しいエネルギー開発が進んでいる。

（11）

その国で食べられている食料が、どのくらい国内で生産されているかをあらわす数字が「食糧自給率」です。日本では、和食から洋食が増えるなどの食生活の変化があり、自給率の高い米を食べる量が減って、自給率の低い肉や油を消費する量が増えたため、現在では40％になりました。世界の他の国と比べると、これはとても低い数字です。

日本の人口は世界の2％だけなのに、世界全体の農産物の約10％を輸入しています。世界の人口は増え続け、50年後には現在の約1.5倍になるといわれていますが、世界の農地の面積は増えていません。また、木の切りすぎなどの理由で、毎年500万haもの農地が (※1) 砂漠になっています。

世界の環境のためにも、自分たちが食べる食べ物はできるかぎり自分の国で作るべきです。食糧自給率を上げていくためには、政府、生産者、事業者などが、それぞれの立場から力を合わせることが重要です。そして同時に、私たち消費者の意識も変えていかなくてはいけないのではないでしょうか。

（※1）砂漠：雨が少なく、農業には向いていない土地

31　食糧自給率とは何か。

　　1　国内で食べられている食料が自分で買えるかをあらわすもの

　　2　国内で消費されている食料のうち、国内で生産されている割合をあらわすもの

　　3　国内で消費されている食料のうち、海外から輸入されている割合をあらわすもの

　　4　国内で食べられている食料と食生活の変化との関係をあらわすもの

32　本文に書いてある説明と合わないものはどれか。

　　1　世界の人口は50年後には1.5倍になるといわれている。

　　2　日本の人口は世界の人口の2％である。

　　3　日本では肉や油を使った料理が増えるなど食生活が変化した。

　　4　日本は世界全体の農産物の10％を輸出している。

33　著者の意見と合うものはどれか。

　　1　世界の環境のためにも、自分たちの食べ物は自分の国の中で作ることが大切だ。

　　2　食糧自給率を上げるために、生産者がもっと対策をしなくてはいけない。

　　3　ごはんを食べれば、食糧自給率が上がるはずだ。

　　4　食糧自給率を上げるために、森林の面積を増やすべきだ。

（12）

　　日本の街を歩くと、自販機がたくさんあることに驚くことでしょう。自販機とは自動販売機の略で、無人で物を売ったりサービスを提供する機械のことです。日本では、実にさまざまな自販機を見ることができます。 中には花や下着、かさなどの珍しい物を売っている自販機もあります。

　　最新データによれば、日本国内の自販機で売られた商品の売り上げは、6兆8,315億5,640万円でした。これは普及台数が世界一のアメリカの売り上げよりも多い数字です。両国の人口の差を考えると、日本では、自販機が生活になくてはならないものになっていることがわかるのではないでしょうか。

　　さらに今も新しい機能がどんどん開発されています。電子マネーが使える自販機、災害情報が流れる自販機も出てきました。

[34] 自動販売機が生活になくてはならないものになっていると考える理由は何か。

1 自販機を利用している人が多いから。

2 珍しい自販機が多いから。

3 電子マネーが使えるようになったから。

4 普及台数が世界一だから。

[35] 自販機の最新機能はどれか。

1 冷たい飲み物と温かい飲み物を選べる。

2 災害情報が流れる。

3 無人で物を売る。

4 割引がある。

[36] 本文の内容と合わないものはどれか。

1 自販機の普及台数はアメリカより日本の方が少ない。

2 物を売るだけでなく、サービスを提供する機械のことも自販機という。

3 自販機で販売される品物の売り上げは、日本よりアメリカのほうが多い。

4 日本では、新しい自販機の機能がどんどん開発されている。

（13）

　　1978年に販売を始め、30年以上親しまれてきた「文具券」が （※1） 廃止されることになりました。文具券は、鉛筆やノート、消しゴムといった文房具などと交換ができる金券で、入学や誕生日のときの子どもへのプレゼントとして親しまれてきました。

　　これまでに約330億円分も販売され、全国の百貨店や文具店など、１万以上の店で利用されてきましたが、少子化やインターネット販売の影響を受けて、最近の発券量は一番多かった時と比べ、３分の１にまで減っていました。このため、券を販売していた日本文具振興株式会社では、文具券の販売を10月31日までで中止し、年末までで廃止することを決めました。まだ使用されていない文具券は約42億円分あり、年末までは全国の店で利用できます。券が使用できなくなる来年以降は、期限を決めて （※2） 換金に応じるそうです。

　　入学や進学のお祝いに、文具券をもらったという人は多いでしょう。いつか使おうと思って （※3） 取っておいたり、使い忘れている文具券が家のどこかにあるかもしれません。もし文具券を見つけたら早く利用するか、手続きをしましょう。

（※1）廃止：やめて行わないこと
（※2）換金：お金と換えること
（※3）取っておく：いつか使うときのために用意すること

37 文具券とはどんなものか。

1 子供が入学したときや誕生日の贈り物

2 文房具と引き換えができる金券

3 百貨店で文房具を買うときに必要な特別券

4 インターネット販売で使う金券

38 文具券はいつまで使えるか。

1 いつまででも使える。

2 10月31日まで

3 12月31日まで

4 もう使えない。

39 本文の内容と合うものはどれか。

1 文具券は、インターネットショッピングの時に使うことができる。

2 文具券を使う人が減ったため、使える店を増やすことにした。

3 文具券は、子供たちへのプレゼントとして人気が高くなっている。

4 文具券が使える期限が決まったので、忘れている券がないか確認したほうが
いい。

（14）

　　雨の後に空に見える七色（なないろ）の虹（にじ）に感動したことはありませんか。虹は、（※1）雨粒（あまつぶ）に、太陽の光が（※2）屈折（くっせつ）、反射（はんしゃ）をおこしてできる現象です。光は水に入るとき屈折しますが、屈折の割合は、光の色によって違います。このときに光が七色に分かれます。そして七色に分かれた光が水の中で反射し、水から出て行くときにもまた屈折して、もっと強く、色の（※3）分散（ぶんさん）が現れます。このため、私たちの目に、虹はそれぞれの色に分かれて見えるのです。

　　虹の見える角度は決まっています。どちらかが雨で、どちらかが晴れているとき、太陽と反対方向に見えます。つまり、虹が現れる（※4）方角は、晴れている方とは逆の方角ということです。昼間は太陽が頭の上にあるので、虹は見えません。

　　たとえば、朝は太陽が東にありますから、虹は西側に見えます。逆に、夕方であれば、虹は東の空に見えます。天気は、ふつう、西から東へ変わっていきます。もし夕方に東に虹が出れば、西の空が晴れているということなので、虹を見て、次の日は晴れると天気を予想することもできます。

（※1）雨粒（あまつぶ）：雨が降ったあとの、小さな水の粒
（※2）屈折（くっせつ）：折れ曲がること
（※3）分散（ぶんさん）：分かれること
（※4）方角：ある地点をもとにして、東西南北で表した方向

40 <u>このときに光が七色に分かれます</u>、とあるが、どのときか。

　1　虹が西側に見えたとき

　2　雨が降って、雨粒が残っているとき

　3　光が水の中で反射するとき

　4　光が水に入って、屈折するとき

41 虹はいつ、どのように見えるか。

　1　よく晴れているとき、頭の上に見える。

　2　よく晴れているとき、太陽のある方向に見える。

　3　雨が降った後、太陽とは逆の方向に見える。

　4　雨が降った後、頭の上に見える。

42 本文の内容と合わないものはどれか。

　1　虹の見える角度は決まっているので、見えないときもある。

　2　虹は、雨が降った後に必ず見ることができる。

　3　夕方に虹が見える方向で、天気を予想することができる。

　4　太陽の光が雨粒を通るときにおこる現象が虹である。

Part **3**

문제 6. 장문 이해

유형분석 & 실전 연습문제

유형 분석 및 공략 TIP
실전 연습문제 28문
(총 7지문 한 지문 당 4문)

문제 6 장문 이해

유형 분석

논설문, 수필문, 설명문, 편지 등의 지문을 읽고, 전체 개요나 논리의 전개, 또는 글 전체를 통한 필자의 생각 등을 이해할 수 있는지를 묻는 문제가 중심이 된다.

1 문제의 형식

①지문의 길이 : 약 550자(문제 용지의 13줄~15줄)정도

②지문의 개수 : 1개

③출제 문항수 : 4문항(지문 1개에 4문제)

④장문독해의 특징 : 어휘력과 문법능력이 충분하다고 쉽게 풀 수 있는 문제가 아니다. 우리말 언어 영역 시험처럼 나와 있는 내용을 분석하고 종합하는 사고 능력이 필요하다.

⑤질문 내용의 종류 : ㉠필자의 생각 및 주장

㉡글의 요약

㉢글의 세부적인 포인트

㉣해당 내용의 문맥에서의 의미

2
문제 풀이
방법

문항(한 지문 당 4문항) 적정 문제 풀이 시간 : 10분

① 먼저 글의 화제가 나오는 지문의 초반부(앞의 3문장 정도)와 글의 결론이나 필자의 최종적인 생각이 나오는 후반부(끝의 3문장 정도)를 읽고, 글의 전체적인 분위기나 글의 목적을 파악한다.

② 다음으로 출제되는 4개의 문제문만을 읽고 난 후, 지문을 읽으면서 어떠한 내용을 집중해서 읽어야 할지를 파악한다.(각각의 문제문의 선택지는 다음 단계에서 읽는다)

③ 지문의 길이가 길기 때문에 하나하나를 파악하며 천천히 읽지 말고, 빠른 속도로 글 전체의 대체적인 내용을 파악하면서 읽어내려 가되, 먼저 읽어둔 문제문과 관련된 부분을 좀 더 자세하게 읽고 필요한 부분을 체크해 둔다.

④ 지문을 읽어 내려갈 때는 단락별로 번호를 매기고 각 단락의 중심 문장의 내용을 밑줄 등으로 표시해 둔다.

⑤ 이러한 방법으로 지문을 끝까지 읽고 나면 각각의 문제문과 선택지를 읽고 미리 체크해둔 내용과 비교 종합하면서 정답을 찾는다.

⑥ 모르는 단어나 한자가 나오면 당황하지 말고 본인 나름대로 모르는 어휘를 추측 하면서 전체 내용을 파악하는 것이 우선이다.

⑦ 지문을 읽어 내려가는 도중에 밑줄이나 빈칸이 있을 때는 그에 해당하는 문제문을 다시 한 번 읽고 질문과 밑줄이나 빈칸의 앞뒤 내용과의 관련성을 생각한다.

3
풀이 공략
TIP

장문의 내용이해 역시, 문제의 내용은 중문의 내용이해와 크게 다르지 않다. 혹, 모르는 단어가 나오는 경우는 단어의 앞뒤의 문맥을 생각하여 유추해 내고, 도저히 유추가 어려울 경우에는 그곳에 표시만 해놓고 넘어가는 것이 좋다(결국은 문제와 관련이 없는 내용인 경우도 있다).

장문도 중문과 같이 필자의 의도나, 글의 요지를 묻는 문제가 많다. 때문에 작은 것에 목숨 걸고 꼼꼼히 보는 것보다는, 전체적인 흐름에 유의하면서 읽는 것이 좋을 것이다.

問題6 つぎの文章を読んで、質問に答えなさい。答えは、1・2・3・4から最もよいものを一つえらびなさい。

（1）

　　小さな頃から、整理をすることが苦手だった。気がつくと部屋も机の上もぐちゃぐちゃで (※1)途方にくれてしまう。

　　ある日のことだ。テレビに有名な社長が出て「よい仕事をするということは、上手に整理するということだ」と言い、その方法を説明していた。また、別の番組では、あるスポーツ選手が「整理をすると、頭も整理できる」と言っていた。なんだか、有名な人がみんな「整理が大事だ」と言っている。私も今度こそ整理をしてみようと思った。

　　さっそく、次の週末、テレビで言っていたとおりに整理をしてみることにした。社長によれば、整理するとは不要なものを捨てることから始まるらしい。まず、よく使う物と、ふだん使わない物にわける。似ている目的で使用する物は、どちらか一つだけ残して、他は捨てる。大切なのは、自分の中で (※2)優先順位をつけること、そして、捨てる物を決めることだ。しかし、これが難しかった。いつか使うかもしれない、高かったのに捨てたら後悔するかもしれないという不安があって、物を捨てることを決断できないのだ。でも、本当にいつか使う日が来るのだろうか。

　　結局、物を捨てるということは、自分が持っている不安を捨てるということなのかもしれない。不安を捨てたとき、自分にとって今、本当に大切なものは何かがよく見えてくる。整理をして、私はそれに気づくことができた。最後に、片付いた部屋を見たときにはとても気分がすっきりした。さて、これからは物を増やさないようにしなくてはいけない。

　　（※1）途方にくれる：どうしたらいいかわからなくなること
　　（※2）優先順位：いくつかのものやことの中から、重要な順番

1   筆者が整理をすることにしたきっかけは何か。

　　1　その日は気分がとてもすっきりしていたこと

　　2　いつか使うことがあるかもしれないということ

　　3　有名な人が整理の利点や方法を説明していたこと

　　4　部屋も机もぐちゃぐちゃで両親におこられたこと

2   これが難しかった、とあるが、どうして難しかったのか。

　　1　捨てるときにお金がかかるから。

　　2　捨てることに不安があるから。

　　3　どちらか一つを選ぶのが嫌いだから。

　　4　捨てる必要のないものばかりだから。

3   文中で述べられている整理をするときに大切なこととは何か。

　　1　社長が「捨てろ」と言っていた物を捨てること。

　　2　値段の安いものを捨てること。

　　3　人からもらったものは捨てないこと。

　　4　自分の優先順位を考えて、捨てる物を決めること。

4   筆者が言っていることと合うものはどれか。

　　1　有名人が言っていても、整理は好きになれない。

　　2　物を捨てることで、自分に大切なものが見えてきた。

　　3　物を捨てるときは、家族とよく相談することが大切だ。

　　4　物を捨てるのはよくないことなので、気分が悪い。

（2）

　　新幹線とは、時速200キロ以上で走る高速鉄道のことです。日本に新幹線が走りはじめたのは、1964年からです。最初の新幹線は1959年４月に着工し、1964年10月に開通した東海道新幹線です。東京と新大阪の552.6キロの区間をつなぐ①東海道新幹線は、営業運転を始めて３年も経たないうちに合計１億人が利用するという大きな成果を上げました。この東海道新幹線の②成功に支えられ、次々と他の区間でも新幹線が導入されるようになりました。1987年に国鉄が民営化し、現在はJR東日本、JR東海、JR西日本、JR九州のJRグループ４社が運営しています。

　　当初、新幹線は遠距離を移動するための手段、飛行機に代わる手段としての利用が想定されていましたが、1990年代からは新幹線を利用した通勤・通学者が大きく増加しています。これはバブル経済の時、大都市の地価が高くなり、郊外に移り住む人が増えたからと考えられます。

　　新幹線にはそれぞれ路線別に愛称がついており、東海道・山陽新幹線を走る列車の場合は、「こだま」、「ひかり」、「のぞみ」という名前で親しまれています。こだまは新幹線駅の各駅に停車するのに対し、大都市のみに停車していたひかりは超特急というイメージがありましたが、のぞみが新しく加わってからはその座を（※1）譲り渡しています。

　　新幹線の最大の強みは、高い安全性です。新幹線を導入して以来今まで、新幹線自体の機械トラブルによる事故は一度もなく、世界的にもそのすぐれた技術力を認められています。

　（※１）譲り渡す：地位、権利などを他人に与える

5 　①東海道新幹線の説明として内容に合わないものはどれか。

　　1　新大阪と東京をむすぶ路線^{ろせん}

　　2　全体の長さは、550キロ強

　　3　乗客が多く成功した路線

　　4　1959年から運転開始

6 　②成功に支えられと同様の意味をもつものはどれか。

　　1　成功するためには

　　2　成功しなくては

　　3　成功したため

　　4　成功なくして

7 　新幹線の説明として合っているものはどれか。

　　1　新幹線では、今まで事故が起きたことがない。

　　2　国鉄が民営化したため、新幹線の乗客が増えた。

　　3　新幹線は、他の高速鉄道に比べて料金が安い。

　　4　通勤・通学に新幹線を利用する人もいる。

8 　本文の内容に合うものはどれか。

　　1　一番最初に新幹線の工事が始まったのは、1964年である。

　　2　東海道新幹線は1987年から国鉄が運営している。

　　3　のぞみよりひかりの方がスピードが早い。

　　4　こだまは新幹線駅のすべての駅に停車する。

（3）

　　お茶は伝統的な東洋の飲み物として、日本文化の一つである茶道と共に長い間親しまれてきました。いつ日本にお茶が伝わったかについては明確ではありませんが、9世紀ごろから記録に残っているのを見ると、それより前からお茶を楽しんでいたのではないかと推定されます。

　　コーヒーに押され、昔に比べてあまり飲まれなくなったお茶ですが、カテキンをはじめ、ビタミンC、ビタミンB1・B2、ベータカロチン、サポニン、葉酸、カフェインなどの成分が含まれています。中でも、①カテキンという成分は色々な効果と効能があります。カテキンには体内にある活性酸素という余分な酸化物を (※1) 取り除く②抗酸化作用があるといわれ、その他にも、抗がん、抗菌・抗ウイルス、抗アレルギー、血中コレステロール低下、血圧抑制、虫歯予防などの効果を持つことが確認されています。特に、老化を予防する抗酸化作用はビタミンEより20倍も強いと言われています。最近では新型インフルエンザにも予防効果があることがわかり、健康への関心が高い中高年層を中心にお茶を楽しむ人が、(※2) じわじわとではありますが、再び増えてきていると言われています。しかし、お茶には必ずしも体によい成分のみ入っているわけではありません。コーヒーにもたくさん含まれている③カフェインは、疲労回復などのよい効果もありますが、(※3) 利尿作用があってトイレが近くなったりすることがあります。また、覚醒作用もあるので、寝る前にはなるべく飲まないほうがよいでしょう。寝る前に飲み過ぎると、眠れなくなったり、眠ったとしてもトイレに行きたくなったりして、目覚めてしまい、ぐっすり眠れなくなる可能性が高いのです。

（※1）取り除く：不要なものなどを取ってなくす。

（※2）じわじわ：少しずつゆっくりと。

（※3）利尿：小便をよく出るようにすること。

9　①カテキンの効能ではないものは、何か。

1　小便をよく出るようにする。

2　老化を予防する。

3　血中コレステロールを低くする

4　新型インフルエンザを予防する。

10　②抗酸化とは、どのような意味か。

1　酸素がなくなってしまい、呼吸ができなくなる。

2　余分な酸化物を取ってなくす。

3　活性酸素が足りなくなる。

4　抗生物質がカテキンに変わる。

11　③カフェインのため体に現れる症状はどれか。

1　コレステロール値が下がる。

2　疲れがとれない。

3　眠気を覚ます。

4　眠りが深くなる。

12　本文の内容に合うものはどれか。

1　お茶は9世紀ごろに日本に伝わった。

2　カテキンにはビタミンC、ビタミンE、サポニンなどの成分が含まれている。

3　コーヒーは体によくない成分が含まれている。

4　カフェインには　利尿作用があるためトイレによく行きたくなる。

（4）

　　近くにあったスーパーなどがなくなり、食料品など日常の買い物に苦労する人たちのことを「買い物難民」という。お年寄りを中心に、「買い物難民」が増え、今社会問題になっている。

　　「買い物難民」が生まれる場所にはいくつかのパターンがある。ひとつは、山の中にある町である。こうした町では、若い人が進学や仕事のために、都会に出ていく。すると人口が減り、路線バスや電車が廃止される。町の商店は、品物を買ってくれるお客さんが減るので (※1) もうからず、(※2) つぶれてしまう。遠くのスーパーまで行くバスもなく、車を運転して行くこともできないお年寄りは「買い物難民」になるというわけだ。

　　こうした人口の少ない場所での問題は以前から、指摘されていたが、最近問題になっているのは、もうひとつ、地方都市の駅前などである。郊外に大型スーパーができると、駅前にあった地域のスーパーや、個人の商店は経営が難しくなり、閉店してしまう。その店まで歩いて出かけ、買い物をしていた人もまた、買い物難民になっているのである。

　　車がないと、一度にたくさんの買い物ができないので、肉や野菜などを買わず、長く保存できる食べ物を買うようになる。それが栄養不足にもつながっているというから、問題は深刻である。

（※1）もうかる：利益がある
（※2）つぶれる：店が閉店、倒産する。

13　「買い物難民」とはどのような人のことを指すか。

1　近所に気に入った店がなくて悩んでいる人

2　近所に店がなく、遠くの店までの交通手段もない人

3　お金がなくて買い物できない人

4　遠い場所にある店まで車で買い物に行く人

14　「買い物難民」が生まれにくいところはどこか。

1　お年寄りがたくさん住んでいるところ

2　山間の町など交通が不便なところ

3　郊外に大型スーパーがあるところ

4　駅前に商店街があるところ

15　本文の内容と合うものはどれか。

1　買い物難民の問題はお年寄りだけなので、若者は考えなくてよい。

2　車を持たない人は、買い物難民になる可能性がある。

3　駅前の町の中心部は交通が便利だが、買い物には不便である。

4　駅前にある商店街は、便利なので閉店しない。

16　この文章の後に、どんな内容で文章を続けたらいいか。

1　「買い物難民」の具体例

2　「買い物難民」の問題点

3　「買い物難民」への意見

4　「買い物難民」の対策

（5）

　　近頃①「異常気象」という言葉をよく耳にする。異常気象とは、異常高温、大雨、冷夏など、通常とは異なる気象のことを意味する。気象庁では「過去30年の気候と比べて明らかに違う気象現象」と異常気象を定義している。

　　この異常気象の原因は気象的に悪条件が重なることにあるとするのが一般的だが、最近は②人為的な気候変動もその重要な原因の一つであるとされている。つまり、20世紀頃から産業化・工業化が急速に進展した結果、地球温暖化現象が進み、異常気象も多く起きるようになったということだ。

　　温暖化が進んだ時の③一般的な異常気象の現象としては、まず気温が上がり、熱帯夜や真夏日の日数が増加するなど、暑い日の数が増える。その反面、寒い日は減少する。国内で最低気温が０℃未満になった日を基準に分析してみると、本州の一部の地域や北海道地域で例年より０℃未満の日数が30日以上減少したことが分かっている。その他にも大雨の日数が増加するなどの現象がおこる。

　　今年の夏、日本は例年の蒸し暑い夏とは違って非常に雨の日が多く、気温の低い日が続いたが、お隣の韓国や中国、ヨーロッパでは記録的な (※1) 猛暑となり、夜になっても気温が25℃以下に下がらない熱帯夜が続いた。こうした世界的な異常気象は農作物の栽培にも影響を及ぼした。世界最大の (※2) 穀物輸出国であるロシアや中国では、一時的ではあるが輸出を制限する事態さえ発生した。小麦やトウモロコシの９割以上を輸入に頼る日本は、異常気象のリスクに備えなければならない。

（※1）猛暑：はげしい暑さ
（※2）穀物：食用とする米、小麦、豆などのこと。

17 ①「異常気象」とあるが、気象庁の定義ではどのような意味か。

　　1 異常高温（い じょうこうおん）が30日以上続く天候（てんこう）

　　2 異常高温（い じょうこうおん）、大雨（おおあめ）などが発生する天候

　　3 過去30年の気候に比べて、はっきり違う天候

　　4 大雨の日が30日以上減少した天候

18 ②人為的な気候変動（じん い てき）（き こうへんどう）とあるが、具体的に何が原因となったか。

　　1 異常気象の大幅な増加

　　2 産業化・工業化の進展

　　3 穀物輸出の制限

　　4 農作物の栽培

19 ③一般的な異常気象の現象として正しくないものはどれか。

　　1 気温が上がり、熱帯夜の日数が増える。

　　2 0℃未満の寒い日が多くなる。

　　3 大雨の日数が増加する。

　　4 真夏日の数が多くなる。

20 筆者が一番伝えたいことは何か。

　　1 異常気象が非常に深刻だ。

　　2 異常気象のリスクに対応すべきだ。

　　3 異常気象とは何であるかを知っておくべきだ。

　　4 異常気象は人為的な気候変動によるものだ。

（6）

記憶力（きおくりょく）がいい人たちが集まる「世界記憶力選手権」という大会がある。この大会では数字や単語を順番どおりに記憶したり、100人以上の人の顔と名前をできるだけ早く覚えたり、といったことを競争する。現在の世界チャンピオンは、トランプ52枚の順番を①数字もマークも間違（まちが）えないで、30秒くらいで覚えてしまうという。

さて、こんなふうに記憶するのは頭の「脳（のう）」の働きだ。実は長い間、人間の脳がどうやって記憶するのか、そのシステムはよくわかっていなかった。②記憶しやすいものとしにくいものがあるのはなぜなのか、などということが最近の研究でやっとわかってきた段階だ。

短い時間だけ覚えているときに使われるのは脳の前側にある「前頭前皮質（ぜんとうぜんひしつ）」という部分である。例えば、電話番号をそのときだけ暗記するときなどに使う。それ以上長く覚えている記憶は、脳の中にある「海馬（かいば）」という部分が関係している。目や耳から入った情報は、脳の「海馬」というところに、いったん保存される。海馬は、どの情報を長く覚えるかを選ぶ役割をする。

印象的なイメージで記憶したり、好きなものを覚えるときは、この海馬のとなりにある「へんとう体」という部分が活発に働く。へんとう体が活発に働くと、海馬に「一生懸命覚えなさい」という命令を出すので、もっと記憶しやすくなるらしい。

こうした脳の働きから見ると、記憶するためには、楽しい、面白いと感じることが何より大切だ。楽しんで覚えれば、結局は頭に残るのである。

21 ①<u>数字もマークも間違えないで、30秒くらいで覚えてしまう</u>とあるが、これは脳のどんな働きが関係しているか。

1　脳の「海馬」の部分は、目や耳から入った情報を記憶するときに使われる。

2　脳の「前頭前皮質」の部分は、短い時間だけ覚えているときに働く。

3　脳の「へんとう体」の部分は、イメージで記憶するときに活発に働く。

4　脳の「海馬」の部分は、どの情報を長く覚えているかを記憶する。

22 ②<u>記憶しやすいものとしにくいものがあるのはなぜか</u>。

1　記憶力のいい人と悪い人がいるから。

2　海馬がどの情報を長く覚えているかを選んでいるから。

3　へんとう体が活発に働いているから。

4　人間の脳はたくさんのことを記憶できないから。

23 文中で筆者が言う効果的な記憶の方法とはどれか。

1　印象的なイメージを使って、楽しいと感じながら記憶する。

2　長い時間、何度も繰り返して記憶する。

3　とくに効果的な方法はない。

4　脳のいろいろな部分の働きを理解する。

24 本文で筆者が言いたいことはどれか。

1　世界記憶力選手権大会のお知らせ

2　すぐ記憶できる特別な方法

3　記憶と脳の働きの関係

4　脳に関係するいろいろな病気

（7）

　常用漢字とは、生活の中でみんなが使う漢字として「知っていてほしい」と国が決めている漢字のことだ。今、常用漢字は1945字あるが、さらに①196字を増やすことになった。いったいどんな漢字が増えるのだろうか。

　まずは (※1) 身近なものに関係する漢字である。たとえば、丼や麺など、食べ物に関係する漢字、誰、俺などの人を呼ぶときに使う漢字、鶴、亀、熊、鹿などの動物の漢字が増えるそうだ。いつもよく使う単語に使われる漢字なので、増えるのがわかる気がする。

　しかし、中には難しいものもある。憂鬱の「鬱」や語彙の「彙」という漢字である。これらの漢字を書くのはとても難しい。

　どうしてこんな漢字も増えるのかというと、実は②私たちと漢字との関係が変わってきたかららしい。ある大学の先生が、大学生が一日に漢字をどのように使うのかを調べたところ、メール、インターネット上の日記や大学の宿題などで、一日に549字の漢字を使ったことがわかった。ただ、その7割以上がパソコンや携帯電話で書いたものだったのである。手で漢字を書いたのは授業中だけで、大学生たちは読めるけれど書けない字もあった。

　常用漢字を選ぶために、これまでは本や新聞などを調べてきた。しかし、今回は一般の人がどんな漢字を使っているのかを、もっとよくみてみるために、はじめてWEB、つまりインターネット上で使われている漢字を調べた。その結果、みんなが、鬱などの難しい字を実際には多く使っていることがわかり、こうした漢字が常用漢字に入ることになったのである。

　（※1）身近：いつも慣れていること、近くにあること

25　常用漢字とはどんなものだと国では決められているか。

　　1　日本語を使うときに必ず覚えなくてはいけない漢字

　　2　書くことができなければ生活できない漢字

　　3　よく使う漢字として知っておいて欲しい漢字

　　4　知らなくても困らない漢字

26　①196字を増やすことになったとあるが、今回増えることになった漢字はどれか。

　　1　本や新聞でよく使われている漢字

　　2　人の名前によく使われる漢字

　　3　インターネットでよく使われている漢字

　　4　植物や自然に関係する漢字

27　②私たちと漢字との関係が変わってきたとあるが、本文の内容と合うものはどれか。

　　1　現代の人は、ひらがなを多く使い、簡単な漢字だけを使うようになった。

　　2　現代の人は、新聞や本を読まなくなったので、難しい漢字を使わなくなった。

　　3　現代の人は、実際に手で漢字を書くことが減って、読めるが書けない漢字が多い。

　　4　現代の人は、インターネットやメールをよく利用するが、そこでは漢字が少ない。

28　今回どうして難しい漢字が増えることになったのだろうか。

　　1　毎年、新しい漢字が生まれるから

　　2　現代人は漢字を書けなくなっているので、もっと勉強させるため

　　3　外国人が増えて、難しい漢字を減らす必要がうまれたため

　　4　難しくても、生活の中では実際に使われていることがわかったから

Part **4**

문제 7. 정보 검색

유형분석 & 실전 연습문제

유형 분석 및 공략 TIP
실전 연습문제 14문
(총 7지문 한 지문 당 2문)

문제 7 정보 검색

유형 분석

신 능력시험에서 새롭게 출제되는 문제로, 광고, 팸플릿, 정보지, 비즈니스 문서 등의 정보 소재로부터 어떠한 목적이나, 제시되는 과제에 대응하여 필요한 정보를 가능한 한 빠르게 체크할 수 있는지를 묻는 문제이다.

1 문제의 형식

①지문의 길이 : 약 600자(문제 용지의 15줄~17줄)정도

②지문의 개수 : 1개

③출제 문항수 : 2문항(지문 1개에 2문제)

④질문 내용의 종류 : ㉠지문 내의 세부적인 정보 파악

㉡하나의 정보와 또 다른 정보를 종합해서 나오는 결론 도출

2 문제 풀이 방법

2문항(한 지문당 2문항) 적정 문제 풀이 시간 : 8분

① '문제 도입문(상황 설명문)'과 '지문의 타이틀'을 보고 어떠한 정보가 필요할지를 예상해 본다.

② 문제문을 읽고난 후 4개의 선택지를 대충 훑어보고, 문제문에서 어떠한 정보를 요구하는지를 파악한다.

③ 지문 전체를 한 번 훑어보고 어떠한 정보가 어디에 제시되어 있는지를 대강 파악한다.

④ 지문 전체를 꼼꼼하게 읽을 필요는 없다. 문제문에서 주어지는 조건이나 제시되는 과제 수행에 필요한 정보의 내용을 골라 읽는다.

⑤ 조금 어렵게 출제되는 경우에는 지문에 제시되어 있는 정보와 정보를 종합해서 결론을 도출해내야 하는 유형의 문제도 출제된다. 이러한 유형의 문제는 일반적으로 각각의 정보의 공통점과 차이점을 제대로 파악하여, 이 과정을 통해 얻어지는 정보들을 종합하여, 문제문에서 요구하는 정답을 선택지에서 찾는다.

3 풀이 공략 TIP

대체적으로 지문에는 문제를 푸는 데 필요한 정보 외에도, 문제와는 관계가 없는 정보들이 많이 제시되어 문제가 요구하는 정보를 찾는 데 혼선을 일으키기 쉽다.

문제문과 선택지를 먼저 읽고, 문제에서 요구하는 정보를 무엇인지 제대로 이해한 후, 지문을 훑어보면서 그에 해당하는 부분을 침착하게 찾아 나가면 비교적 수월하게 답을 찾을 수 있을 것이다.

問題7 右のページは、市で開かれる日本語教室の案内である。これを読んで、下の質問に答えなさい。答えは、1・2・3・4から最もよいものを一つえらびなさい。

1 アリさんは初級の文法を勉強し、次のレベルのクラスで勉強したいと思っている。アリさんは毎日午前8時から午後4時までアルバイトがある。どのクラスを受けたらいいか。

   1 「たのしく日本語を話そう！」

   2 「中級日本語A」

   3 「フリートーキングA」

   4 「中級からの読解・作文」

2 ベンさんは、中級の文法を勉強し終わったところである。次のレベルでできるだけたくさんのクラスを受けたいと思っているが、平日の午前11時から午後6時までは学校がある。どのクラスを受けられるか。

   1 「はじめての日本語教室」と「中級日本語A」

   2 「フリートーキング中級」と「フリートーキング上級A」

   3 「中級からの読解・作文」と「中級日本語B」

   4 「フリートーキング上級B」土クラスと「中級からの読解・作文」

【日本語教室　第2期開催！】9月4日～12月3日
場所：市民文化センター
受講料：1クラス3000円

スケジュール表

クラス名	開催曜日	開催時間	講師
はじめての日本語教室	火・木	18:30～20:00	山本
たのしく日本語を話そう	月・水・金	10:00～11:00	吉川
中級日本語A	月・水・金	18:30～20:00	山本
中級日本語B	火・木	14:00～15:00	山本
フリートーキング中級	火・木	10:30～12:00	大石
中級からの読解・作文	月・水・金	8:30～9:30	原田
フリートーキング上級A	火・木	10:30～12:00	大石
フリートーキング上級B	土	14:00～17:00	大石

レベルⅠ
① はじめての日本語教室：全般　初めて
　日本語を初めて勉強する人の教室。「あいうえお」からはじめましょう！
② たのしく日本語を話そう：文法、会話
　日常生活に必要な日本語を中心に、たのしく会話してみましょう。

レベルⅡ
③ 中級日本語：文法、漢字、読解
　初級の文法を終えた人に。簡単な漢字の勉強と少し長い文章を読む練習もします。
④ フリートーキング中級：会話
　一つのテーマについて、簡単な言葉を使って自由に話してみましょう。会話をたくさんしたい人におすすめ。

レベルⅢ
⑤ 中級からの「読解・作文」：文法、読解、作文
　長い文章を読んだり、作文を書いたり、「読み・書き」を中心に勉強します。テストを受ける人にもおすすめです。
⑥ フリートーキング上級：会話
　ドラマや映画を見て、自由に話をしてみましょう。単語をもっと増やして、いろいろな会話ができるようになりましょう。

右のページは、スポーツクラブで会員を募集するための案内である。下の質問に答えなさい。
答えは、1・2・3・4から最もよいものを一つえらびなさい。

山田さんは、スポーツクラブで何かスポーツを習いたいと考えています。山田さんは
大学に通っており、月曜日から水曜日までは朝9時から午後3時まで、木曜日と金曜
日は11時から午後1時までそれぞれ授業があります。毎週土曜日と日曜日は授業があ
りません。また、テニスは高校時代に少し習ったことがありますが、水泳は初めてで
す。

3　山田さんが習うことのできるものはどれか。

　　1　ピンポン

　　2　水泳B

　　3　ストレッチ

　　4　ヨガ

4　山田さんが5月18日に水泳とテニスを登録すれば、支払う料金はいくらか。

　　1　1万4,000円

　　2　1万6,000円

　　3　1万2,600円

　　4　1万4,400円

すこやかスポーツクラブ会員募集

教室のご案内

種目	開催日	開催時間	会費
水泳A（初心者）	毎週月・水・金	午後5時～	10,000円
水泳B（中級）	毎週月・水・金	午後6時～	12,000円
水泳C（上級）	毎週月・水・金	午後7時～	13,000円
バドミントン	毎週火・木	午後2時～	7,000円
ピンポン	毎週火・木	午後5時～	7,000円
テニス	毎週土・日	午前10時～	4,000円
ストレッチ	毎日	午前10時～	10,000円
ヨーガ	毎週月・水・金	午前11時～	8,000円
バスケットボール	毎週月・水・金	午前10時～	8,000円

【ご入会についてのご案内】

・ 平日会員の方は、土日祝祭日はご利用できません。

・ 施設のご利用は、お申し込みいただいた当日から可能です。
　 まずは入会金不要の1か月体験会員をおすすめ致します。

・ 1か月体験会員は正会員と同じく、営業時間内にいつでもご利用いただけます。

・ 5月20日までにお申し込みいただく方には料金の10パーセントを割引きいたします。

・ お申し込みは5月31日までとさせていただきます。

右のページは、文化センターの開かれる教室会員募集の案内である。これを読んで、下の質問に答えなさい。答えは、1・2・3・4から最もよいものを一つえらびなさい。

5   この教室に登録できるのは次のうちだれか。

    1　幼稚園児

    2　体の不自由な方

    3　50歳の男性

    4　7歳のこども

6   神奈川市民でない人が夫婦で登録すれば入会金はいくらか。

    1　6,000円

    2　30,000円

    3　33,000円

    4　36,000円

神奈川市文化センター

ベリーダンス教室(Aクラス)会員募集

　今、話題になっているベリーダンスに挑戦してみませんか。ベリーダンスはエジプトなどで発展したセクシーな踊りです。美しい腰の動きを身につけることで女性としての魅力もUPします。体がスリムになり、きれいな姿勢を作ってくれるベリーダンス教室へどうぞ！

【ご入会についてのご案内】

・新入会員は12時から20時まで受付いたします。

・入会は8歳以上の方に限ります。

・ご夫婦でご登録いただく場合、会費のみ1割引きとなります。

・体の不自由な方は別途、クラスを運営しておりますので、デスクまでお問い合わせください。

【入会金】

・3,000円（神奈川市民の方は入会金無料）

【会費】

・15,000円／月（月4回、毎週土曜2～4時）

右のページは、(※1)公募コンテストのお知らせである。これを読んで、下の質問に答えなさい。答えは、1・2・3・4から最もよいものを一つえらびなさい。

<u>7</u>　このコンテストに応募できる人は、次のうちだれか。

1　旅行が好きなカメラマン

2　誰でも応募できる

3　料理が好きなアマチュア

4　レストランのシェフ

<u>8</u>　コンテストの応募について、合っているものはどれか。

1　レシピ、写真、エッセイの３点を郵便で送る。

2　決められた材料を使って、レシピを考える。

3　レシピに関係するエッセイを1500字以上書く。

4　旅をテーマにしたオリジナルレシピを考える。

旅する料理～オリジナルレシピ　コンテスト

　食べることは旅の楽しみのひとつです。世界中を旅しているような気分になれる、あなただけのオリジナルレシピを、料理に関係するエピソードといっしょにお送りください。優秀作品は、雑誌「ぼやーじゅ」に (※2) 掲載されます。旅行の好きな方、料理の好きな方のご応募をお待ちしています。

◎ 対象：アマチュアなら、どなたでも！

　　現在、撮影、料理のプロとして活動している方は (※3) ご遠慮ください。

◎ 申し込み方法：以下の３点をお送りください。

　　「ぼやーじゅ」ホームページからの応募に限ります。郵便は受け付けませんので、ご注意ください。

☆ レシピ：「旅」をテーマにしたオリジナルレシピを考えてください。

　　　　　レシピには、材料と分量を明記してください。

　　　　　日本国内では手に入れにくい材料は使わないでください。

☆ 完成写真：料理の完成写真。

☆ エッセイ：オリジナルレシピを作るイメージとなった旅に関する話を800字以内でお書きください。

◎しめきり日：平成24年9月3日

（※1）公募：一般から募集すること

（※2）掲載：雑誌や本に文や写真が出ること

（※3）ご遠慮ください：やめてください

105

右のページは、さまざまなイベントのお知らせである。これを読んで、下の質問に答えなさい。答えは、1・2・3・4から最もよいものを一つえらびなさい。

9 ユリさんは、小学三年生の妹といっしょに参加できるイベントを探している。妹にいろいろな体験してもらいたいので、体験したり実際に自分が参加できるイベントがいいと思っているが、どのイベントがいいか。

1 色の不思議教室

2 フリーマーケット

3 きのこまつり

4 そよかぜ作品展

10 マサシさんは友人とイベントに行こうと思っている。マサシさんの休日は土曜と日曜、友人の休みは火曜と木曜で、二人とも仕事は5時までである。二人はどのイベントに行くといいか。

1 二人の時間が合うイベントがないので、今回はあきらめる。

2 平日の仕事の後、「色の不思議教室」に行く。

3 友人の仕事が終わった後に「そよかぜ作品展」を見に行く。

4 マサシさんの仕事が終わった後に「きのこまつり」に行く。

色の不思議教室！プリンターはどうやって色を作るの？

実施のお知らせ

◎対象：小学5年生〜中学3年生

◎学習時間：毎週水曜　9時〜13時

　　　　　　2時限（1、2時限は連続しているので、1時限だけの出席はできません）

◆1時限目◆　色作りの方法について

◆2時限目◆　インクジェットプリンターの技術紹介

『そよかぜ作品展』が今年も

10月9日（土）開場：10：30　終了：18：30

料金：入場無料

・Freeスペースには自慢の作品がずらり！

・今年の自信作 " (※1) 天井アート"

・好きな形の折り紙をその場で作ってくれるコーナー。

・フリーマーケットには、世界で一つだけの手作り作品がいっぱいです。

　今年も盛り上がります！

『きのこまつり』でおいしくたのしく！

10月15日（木）12：00〜15：00

参加費・料金：2,000円、定員：50人

季節のきのこを食べて秋を楽しもう！きのこを使った料理体験と食事ができます。

申し込みは9月21日（火）9時30分より電話・窓口にて。先着順ですので、お早めに！

（※1）天井：部屋や物の一番上の部分

右のページは、航空会社の「クレジット機能付きマイレージカード」の案内である。これを読んで、下の質問に答えなさい。答えは、1・2・3・4から最もよいものを一つえらびなさい。

11 JNLカードに入会できるのは次のうちだれか。

1 誰でも入会できる

2 中学生

3 高校生

4 大学院生

12 キャンペーン期間中に兄弟が入会すると、マイルは二人合わせて何マイル貯まるか。

1 400マイル

2 600マイル

3 200マイル

4 800マイル

◎ＪＮＬカードの主なサービス

・入会、フライトでボーナスマイルがどんどん （※1） 貯まります。

・「ＪＮＬカードプラス」はマイルがダブル。

・ＪＮＬ （※2） マイレージモールなら、さらに２％マイルが貯まります。

・クレジットカード会社のポイントもマイルに移行できます。

・「ＪＮＬファミリーマイル」なら、家族のマイルを合算できます。

・入会金無料

・会員資格は入会後２年間有効

・18歳未満の方は入会いただけません。

※ キャンペーン期間中にご入会いただくと、100マイルをプレゼント！

※ ご家族２名様以上でご入会いただいた場合、さらにお一人様100マイルをボーナス

　マイルをプレゼント！

（※1）貯まる：多くなる、増える

（※2）マイレージモール：オンラインショッピングでマイルが貯められるサービス

右のページは、「ハッスルランドパーク」のチケット表である。これを読んで、下の質問に答えなさい。答えは、1・2・3・4から最もよいものを一つえらびなさい。

13 ハナさんは小学6年生の妹といっしょに、夕方5時に到着し、夜のパレードを見るつもりである。時間があったら、のりものも少しだけ乗りたいと考えている。二人はどのチケットを買ったらいいか。

1 チケットA

2 チケットC

3 チケットD

4 チケットE

14 ハンさんは妻と子供2人の家族4人で、朝から行くつもりである。ハンさんは乗り物が好きな長男10歳（身長120cm）と同じ種類のチケットでのりものに乗り、妻はまだ小さい次男5歳（身長90ｃm）と同じ種類のチケットでのりものに乗ることにした。チケットの代金は全部でいくらになるか。

1 4,700円

2 6,000円

3 9,500円

4 7,200円

チケットのご案内

チケット種類	内容	対象	金額
A	入園＋のりものフリー	大人（中学生以上） こども（３歳〜小学生）	4,000円 2,500円
B	入園＋のりもの３種類まで	大人（中学生以上） こども（３歳〜小学生）	2,500円 1,500円
C	入園（16時以降）	大人（中学生以上） こども（３歳〜小学生）	500円 200円
D	入園（16時以降） ＋のりものフリー	大人（中学生以上） こども（３歳〜小学生）	2,000円 1,000円
E	入園（16時以降） ＋のりもの３種類まで	大人（中学生以上） こども（３歳〜小学生）	1,500円 800円
F	入園 ＋のりものフリー（機種限定）	大人（20歳以上） こども（身長100cm未満）	2,000円 1,000円

※３才未満のお子さまは入園・のりものとも無料です

※のりものはいずれも身長100cm以上の方が対象となります。

※チケットC、D、Eは入園時間が決まっていますので、ご注意ください。

※チケットFは、身長100cm未満のお子様でも乗ることができる機種のみ、何度でも利用できるフリーチケットとなります。大人の方のご利用も、同機種に限定されますのでご注意ください。

실전 모의테스트

問題４　つぎの文章を読んで、質問に答えなさい。答えは、１・２・３・４から最もよいものを一つえらびなさい。

（１）

> ・　６月13日(日)はこども広場で (※1)「生き残りジャンケンゲーム」にチャレンジ！
>
> 　☆☆　★　☆☆　★　☆☆　★　☆☆　★　☆☆　★　☆☆　★　☆★　☆☆
>
> 　新聞紙を使った、楽しいジャンケンゲームです。大きく広げた新聞紙の上に立って、その上でジャンケンポン。負けた人は新聞紙を半分に折っていきます。それを続けて、小さくなった新聞紙の上に、最後まで立ち続けられた人の勝ちです。
>
> 　こども広場では、他にも楽しいイベントがたくさん。くわしくは、イベントスケジュール表でご確認下さい。また、インフォメーションでは、ドッジボール・サッカーボールを無料で貸出しています。広いこども広場で思いっきり遊びましょう！！
>
> （※1）生き残り：他の人が死んだ後も生き続けること

　1　これは何についてのお知らせか。

　　　1　ボールの貸出

　　　2　こども広場でのイベント

　　　3　「生き残りジャンケンゲーム」のルール

　　　4　新聞紙を使った遊び方

（2）

　　「合計特殊出生率」とは、1人の女性が一生のうちに産む子どもの数を（※1）推計した数字のことで、15歳から49歳の女性が産んだ子どもの数をもとに計算します。日本の今の人口を保つための合計特殊出生率は、2.07といわれています。合計特殊出生率が長期的にこの水準を下回ると、人口は減少に向かうことになります。

　　政府が出した発表によると、2005年に過去最低の1.26を記録したあと、3年続けて出生率が上がっていましたが、2009年は1.37で、前年と同じでした。

（※1）推計：資料をもとにして大体の数字を計算すること

2　本文の内容と合うものはどれか。

　　1　過去最高の出生率は2.07だった。

　　2　2008年の出生率は1.37だった。

　　3　「合計特殊出生率」は、女性が産んだ子供の数をもとに計算する。

　　4　2006年から2009年までは、毎年出生率が上がり続けた。

（3）

「ちょっとだけ」が大問題！道路に駐車しないでください！

　当マンションにいらっしゃる方の駐車マナーが問題となっています。マンション前の道路は、大変せまく、駐車がしてあると他の車が中に入れません。先日も、道路に駐車した車のために、救急車（きゅうきゅうしゃ）が中に入れないという事態（じたい）が起きました。

　外部の車は必ず、決められた（※1）来客（らいきゃく）用駐車場に止めて下さい。来客用駐車場は、予約が必要ですので、当マンションに御用（ごよう）のある方は、事前（じぜん）に管理人室までご連絡ください。住民の皆さまのご協力をお願いいたします。

（※1）来客（らいきゃく）：たずねてくる客のことと

3　マンション前の道路に駐車をすることは、なぜ大きな問題につながるのか。

1　駐車には予約が必要だから。

2　交通事故が起きるから。

3　他の車が出入りができないから。

4　来客用駐車場があるから。

（4）

> 日本の郵便ポストはどうして赤いのでしょうか。明治4年に新しい郵便制度ができて、初めて日本に郵便ポストができました。このときの色は黒だったそうです。しかし、ポストが黒いと、夕方に暗くなった後は見えにくくなるなど評判が悪く、もっと目立つ赤い色のポストが登場し、明治41年に、正式に赤色と決まりました。
>
> もちろん赤色は世界共通ではなく、ヨーロッパなどでは黄色の国が多く、他に、青や緑色のポストを使っている国もあります。日本国内でも、特別な目的で作られた違う色や形のポストもあります。

[4] 本文の内容と合っているものはどれか。

   1　現在の日本の郵便ポストの色は黒である。

   2　初めて日本の郵便ポストができたときの色は青だった。

   3　日本国内の郵便ポストは赤色しかない。

   4　日本の郵便ポストが現在の色に決まったのは明治41年のことだ。

問題5 つぎの(1)と(2)の文章を読んで、質問に答えなさい。答えは、1・2・3・4から最もよいものを一つえらびなさい。

（1）

　　(※1)お年寄りの人が「雨の日は体のふしぶしが痛む」などとよく言います。ふしぶしというのは、ひざや腰など体の関節の部分のことですが、特に関節リウマチという病気を持っている人は、雨の降る前、雨が降っている時、いつもより寒い時に、痛みが出やすいと言います。

　このように、天気によって起きる痛みのことを「天気痛」、一日単位での気温や気圧・湿度などの気象条件の変化が、痛みだけでなく、何かの症状の変化のきっかけになる病気を「気象病」といいます。そして、これらは、現在本格的な研究も進められているのだそうです。最近の研究では、とくに湿度と気圧の変化が痛みと大きな関係があることがわかりました。

　そういえば、私は関節が痛くなることはありませんが、雨が降る前に、よく頭痛になります。幼稚園の先生から「雨の日は、子どもたちがうるさくなる」というのを聞いたこともあります。天気によって、体や心の状態が変わるのはお年寄りだけではないということです。

　（※1）お年寄り：高齢者、年をとっている人のこと

5　これらは、とあるが、何のことか。

　　1　ひざと腰

　　2　天気痛と気象病

　　3　湿度と気圧

　　4　体のふしぶし

6　「気象病」になる人はどんな人か。

　　1　お年寄り

　　2　関節リウマチの病気がある人

　　3　子どもや赤ちゃん

　　4　誰でもなる可能性がある

7　本文の内容と合うものはどれか。

　　1　年をとると誰でも関節リウマチになるので、雨の日は関節が痛い。

　　2　天気によって起きる痛みのことを「気象病」という。

　　3　体や心の状態は、気圧の変化によって変わることがある。

　　4　湿度が高い日に体が痛むことに、とくに理由はない。

（2）

　　人類は数十万年前に「火」を発見し、その力を利用して社会を発展させてきました。そして「火」に続き、他の自然の力もエネルギー資源として利用するようになりました。昔、私たちは風車や水車を生活に利用していました。たとえば、米や麦を粉にしたり、水を (※1) くみあげたりするときなどです。その後、石油や石炭が発見され、これらを利用して電力を作り、一度に大きなエネルギーを使うことが可能となりました。

　　しかし、石油や石炭は何度も使うことができなかったり、CO_2 を出すなどの問題点があります。そこで、CO_2 を出す量が少なく、何度でも使うことができる「再生可能エネルギー」を利用した (※2) 発電に注目が集まってきています。太陽の光や風を利用した発電などがそうです。太陽光発電は、太陽の光があたると電気がおきる (※3) パネルを使った発電方法です。年間を通して天気のよい地域に作るとよいとされています。また、風力発電は海のそばなど、風の強い地域に作るとよいといわれています。

（※1）くみあげる：水を低いところから高いところにあげること。
（※2）発電：電力を作ること
（※3）パネル：板のようなもの

8 この文章に書かれていないことはどれか。

1 新しいエネルギー資源の開発

2 エネルギー利用の歴史

3 再生可能なエネルギーの利用

4 石油と石炭の問題点

9 昔、風車や水車を使ってしていた仕事はどれか。

1 水を温かくする。

2 水をくむ。

3 米や麦を育てる。

4 米や麦を収穫する。

10 本文の内容と合うものはどれか。

1 人間は自然の力を利用しながらエネルギーを作ってきた。

2 日本では、風力と水力を使った発電が一番多い。

3 風力発電は、風が強い地域でなければならない。

4 石油や石炭が発見されてからは、風車と水車による発電はあまり使わなく
なった。

問題6 つぎの文章を読んで、質問に答えなさい。答えは、1・2・3・4から最もよいものを一つえらびなさい。

仕事をする人にとって「働きやすい会社」とは、どんなところなのでしょうか。社員1,000人以上の会社で働く人を対象に、「社員のやる気を高める制度」、「人材の採用・育成と評価」、「働く側に配慮した職場」、「子育てに配慮した職場」の4つに分けてアンケートした結果を見てみました。

アンケートの結果、総合1位だったA社は4つすべてが4位以内でした。A社では、自宅でも仕事ができるように、ITを活用した在宅勤務制度を(※1)充実させたり、社員の(※2)メンタルヘルスをケアするなど、仕事と生活をともに大切にする環境を作っています。また、男性の(※3)育児休業制度の利用者数が他の会社と比べ、非常に多い点も高い評価になった理由のようです。

総合2位のB社は、すべてが5位以内でした。とくに「社員のやる気を高める制度」では2位でした。個人がしたい仕事やこれからの希望について相談できるコンサルタントがいたり、それに合わせた研修制度があったり、海外留学を支援するなど、社員の能力開発を支援する制度が多いのが特徴です。

生き方や仕事をする目的は、人によって違います。そうした一人一人の違いに配慮する会社では、社員も意欲を持って、同時に安心して働き続けることができます。それが会社全体の利益にもつながるのでしょう。アンケートで上位になった会社が、いずれも業績がよいのはそのためだと思います。

(※1) 充実させる：十分に準備する
(※2) メンタルヘルス：心の健康
(※3) 育児休業制度：子供が生まれてから一年間、子供を育てるために仕事を休むことができる制度

11　ITを活用した在宅勤務システムとは何のために行っているか。

1　社員の能力を評価するため

2　優秀な人材を採用するため

3　社員の海外留学支援のため

4　働く側に配慮した職場を作るため

12　「子育てに配慮した職場」かどうかは、どんなことからわかるか。

1　メンタルヘルスをケアしている 。

2　いろいろな研修を行っている。

3　男性の育児休業制度の利用者数が多い。

4　能力開発のための制度が多い。

13　それが、とあるが、何か。

1　生き方や仕事をする目的は、人によって違うこと。

2　社員が意欲を持ち、安心して働けること。

3　社員1,000人以上の大きな会社であること。

4　社員のIT技術の能力を開発すること。

14　本文の内容と合うものはどれか。

1　「働きやすい」会社は、業績も好調であることが多い。

2　会社の業績と「働きやすい」会社かどうかは関係がない。

3　メンタルヘルスをケアすることは社員の能力開発につながる。

4　今回の調査の対象は社員が少ない中小企業である。

問題7　つぎのページは、市の「ごみの出し方」のルールである。これを読んで、下の質問に
　　　　答えなさい。答えは、1・2・3・4から最もよいものを一つえらびなさい。

15　使い終わった化粧びんを捨てる場合、いつ出したらいいか？

　　1　「缶・びん」の日に出す。

　　2　　出さずに再利用する。

　　3　「燃えないごみ」の日に出す。

　　4　　いつでも出してよい。

16　「缶・びん」の日にごみを出すとき、しなくてもいいことは以下のどれか？

　　1　缶・びんは別々の半透明の袋に入れる。

　　2　口の大きな缶は口をつぶす。

　　3　缶・びんの中を空にして洗う。

　　4　ペットボトルは別々の半透明の袋に入れる。

ごみの出し方について ― 皆さまへのおねがい

「缶・びん」は資源として再利用するため分別 収 集 しています。

ルールを守って、それぞれの収集日にお出しください。

▶「缶・びん」の出し方

週1回収集：

●缶・びんを一緒に、中身がはっきりと確認できる半透明な袋に入れて出してください。

主な対象物	・飲食物の入っていた缶とびんです。 （缶・びんを出すまでにお願いしたいこと） ① 必ずキャップははずしてだしてください。 ② 中を空にしてください。 ③ 軽く水洗いをしてください。 ④ 口の大きな缶は口をつぶして中には何も入れない。 ⑤ ペットボトルは別々の半透明の袋に入れて出してください。
集めない物	以下は、「缶・びん」には含まれませんので、ご注意ください。 ガラスコップ、茶わん、化粧品のびん、蛍光灯などは、燃えないごみの日に出してください。

정답 및 해석

정답표
독해문제 해석 및 단어정리

정답표

★ 〈Part 1〉 문제 4. 단문 이해

문제 번호	1	2	3	4	5
정답	1	2	3	2	3
문제 번호	6	7	8	9	10
정답	1	3	4	4	3
문제 번호	11	12	13	14	15
정답	2	3	3	1	1
문제 번호	16	17	18	19	20
정답	3	4	3	1	1
문제 번호	21	22	23	24	25
정답	1	2	4	4	4
문제 번호	26	27	28		
정답	2	3	4		

★ 〈Part 2〉 문제 5. 중문 이해

문제 번호	1	2	3	4	5
정답	1	3	3	1	2
문제 번호	6	7	8	9	10
정답	2	2	4	1	3
문제 번호	11	12	13	14	15
정답	1	4	1	1	3
문제 번호	16	17	18	19	20
정답	2	3	1	1	2
문제 번호	21	22	23	24	25
정답	3	2	2	1	3
문제 번호	26	27	28	29	30
정답	2	4	4	2	2
문제 번호	31	32	33	34	35
정답	2	4	1	1	2
문제 번호	36	37	38	39	40
정답	3	2	3	4	4
문제 번호	41	42			
정답	3	2			

★ 〈Part 3〉 문제 6. 내용 이해(장문)

문제 번호	1	2	3	4	5
정답	3	2	4	2	4
문제 번호	6	7	8	9	10
정답	3	4	4	1	2
문제 번호	11	12	13	14	15
정답	3	4	2	4	2
문제 번호	16	17	18	19	20
정답	4	3	2	2	2
문제 번호	21	22	23	24	25
정답	2	2	1	3	3
문제 번호	26	27	28		
정답	3	3	4		

★ 〈Part 4〉 문제 7. 정보 검색

문제 번호	1	2	3	4	5
정답	2	4	1	3	3
문제 번호	6	7	8	9	10
정답	1	3	4	3	3
문제 번호	11	12	13	14	
정답	4	1	4	3	

★ 실전 모의테스트

문제 번호	1	2	3	4	5
정답	2	2	3	4	2
문제 번호	6	7	8	9	10
정답	4	3	1	2	1
문제 번호	11	12	13	14	15
정답	4	3	2	1	3
문제 번호	16				
정답	1				

독해 문제 해석 및 단어 정리

Part 1 문제 4. 단문 이해

문제 4 다음 문장을 읽고, 질문에 답하시오. 정답은 1・2・3・4에서 가장 적당한 것을 하나 고르시오.

1

> 우리 시청에서는 다양한 공지, 예를 들면 시내에서 열리는 이벤트, 외국인을 대상으로 하는 정보, 그리고 시청에서의 수속안내 등을 원하시는 언어로 메일을 보내드리는 서비스를 합니다. 휴대전화, 컴퓨터 어느 쪽으로도 받아 보실 수 있습니다. 언어는 영어, 스페인어, 포르투갈어, 중국어, 쉬운 일본어의 다섯 종류가 있습니다. 아래의 주소로 희망하는 언어를 적어 메일을 보내 주세요.

주요 단어 및 표현 → → →

市役所(しやくしょ) 시청 | イベント 이벤트 | 外国人向(がいこくじんむ)けの 외국인을 대상으로 하는 | 手続(てつづ)き 수속 | 案内(あんない) 안내 | 希望(きぼう) 희망 | 言語(げんご) 언어 | メールをお送(おく)りする 메일을 보내 드리다 | 携帯電話(けいたいでんわ) 휴대전화 | パソコン 컴퓨터 | 受(う)け取(と)る 받다, 수취하다 | スペイン語(ご) 스페인어 | ポルトガル語(ご) 포르투갈어 | 中国語(ちゅうごくご) 중국어 | アドレス 주소, 어드레스

1 이 메일 서비스를 받으면, 가능한 것은 어느 것인가?
1. 외국인에게 필요한 정보 등을 희망하는 언어로 받아 볼 수 있다.
2. 컴퓨터나 휴대전화를 빌릴 수 있다.
3. 시청에서 수속할 때, 희망하는 언어로 통역 서비스를 받을 수 있다.
4. 영어나 스페인어를 공부할 수 있다.

도쿄도내의 택시회사단체에서는, 외국인 관광객을 위해, 4개 국어로 쓰여진 팸플릿을 만들었습니다. 이것은 11월부터 하네다 공항에서 국제선 정기편 운항이 결정되어, 택시를 이용하는 외국인이 늘어날 것이라고 예상되기 때문입니다. 팸플릿 안에는 '어디에 갑니까'와 같은, 자주 쓰는 표현 외에, 주요 호텔이나 관광지 이름이 일본어와 함께 영어, 중국어, 한국어로 적혀있어서 택시기사와 손님이 그것을 보면서 이야기 할 수 있도록 되어 있습니다.

주요 단어 및 표현 → → →

タクシー会社(がいしゃ) 택시회사 | 団体(だんたい) 단체 | 観光客(かんこうきゃく) 관광객 | 4か国語(こくご) 4개 국어 | パンフレット 팸플릿 | 羽田空港(はねだくうこう) 하네다공항 | 国際線(こくさいせん) 국제선 | 定期便(ていきびん) 정기편 | 運航(うんこう) 운항 | 増(ふ)える 늘다 | 予想(よそう)される 예상되다 | 表現(ひょうげん) 표현 | ～のほか ~ 밖에, ~외에 | 主要(しゅよう) 주요 | ホテル 호텔 | 観光地(かんこうち) 관광지 | 運転手(うんてんしゅ) 운전수, 기사

> **2** 팸플릿을 만든 이유는 어느 것인가?
> 1. 택시를 타는 외국인이 줄어서
> 2. 국제선이 생겨, 외국인 손님이 늘어날 것이라고 예상해서
> 3. 택시에서 외국인 손님의 트러블이 잦아서
> 4. 택시회사는 매우 불경기이기 때문에

포토 캠페인! 'OK 스낵과 당신의 웃는 얼굴'을 대모집!
OK 스낵을 먹고 있는 사진, OK 스낵의 포장과 당신이 함께 찍혀있는 사진을 촬영하여 보내 주세요. 응모하신 분 가운데 추첨을 통해 1,000명에게 여러 스낵을 담아서 선물합니다. 응모는 휴대전화 사이트나 PC 사이트로 해 주세요.

(※엽서응모는 받지 않습니다)

[응모기한] 2012년 12월 2일(일)

주요 단어 및 표현 → → →

フォト 사진, 포토 | スナック 스낵 | 笑顔(えがお) 웃는 얼굴 | 大募集(だいぼしゅう) 대 모집 | パッケージ 패키지, 포장, 용기 | お送(おく)りください 보내 주세요 | ご応募(おうぼ)いただいた方(かた) 응모하신 분 | 抽選(ちゅうせん) 추첨 | 詰(つ)め合(あ)わせ 여러 가지를 섞어 담음, 또는 그런 것 | プレゼント 선물 | 携帯(けいたい)サイト 휴대전화용 사이트 | PCサイト PC 용 사이트 | ハガキ 엽서 | 受(う)け付(つ)けておりません 받지 않습니다, 접수하지 않습니다 | 締切(しめきり) 마감

> **3** 이 캠페인의 내용과 일치하는 것은 어느 것인가?
> 1. 웃는 얼굴이 예쁜 사람의 사진을 뽑는다.
> 2. 응모한 사람 중, 사진 기술이 우수한 사람이 뽑힌다.
> 3. 당선되면 여러 스낵을 담은 것을 받을 수 있다.
> 4. 엽서로 써서 응모해야만 한다.

골든위크라는 말을 알고 있습니까? 이것은 4 월말부터 5 월초에 걸쳐, 1 년 중 휴일이 가장 많은 주(週)를 의미하는 일본식 영어로, 휴일이 길다고 하는 점으로부터 대형연휴라고도 합니다. 이 시기가 되면 연휴를 즐기기 위해 여행을 떠나는 사람도 많아서, 각지에서 다양한 이벤트가 개최됩니다. 또한 고향을 찾는 사람의 귀성전쟁으로 고속도로 정체가 100 킬로미터나 이어지는 일이 있을 정도입니다. 연휴의 직전, 직후에 토·일요일과 대체휴일이 있으면 1 주일 넘게 쉴 수 있기 때문에 해외여행을 즐기려는 사람이 갑자기 늘어 공항도 매우 혼잡해집니다.

주요 단어 및 표현 → → →

ゴールデンウィーク 골든위크, 황금연휴 | 〜にかけて 〜에 걸쳐서 | 和製英語(わせいえいご) 일본식 영어, 일본에서 만들어진 영어 | 大型連休(おおがたれんきゅう) 대형연휴 | 時期(じき) 시기 | 開催(かいさい) 개최 | 実家(じっか) 본가, 부모님이 사시는 곳, 고향 | 帰省(きせい)ラッシュ 귀성전쟁, 귀성 정체 | 渋滞(じゅうたい) 정체 | つづく 이어지다 | 振(ふ)り替(か)え休日(きゅうじつ) 대체휴일, 국경일과 일요일이 겹친 경우 그 다음 날을 휴일로 하는 것 | 海外旅行(かいがいりょこう) 해외여행 | 一気(いっき)に 단번에, 단숨에 | 混雑(こんざつ) 혼잡

---

4 본문의 내용과 일치하는 것은 어느 것인가?

1. 골든위크라는 말은 영어를 사용하는 나라에서도 쓰이고 있다.
2. 골든위크가 되면 고속도로가 몹시 혼잡해진다.
3. 골든위크 기간은 언제나 일주일 이상이다.
4. 골든위크에는 관광지나 공항 등에서 다양한 이벤트가 개최된다.

5

최근 대학을 졸업해도 취직하지 않고, 프리터로 생활하는 사람이 많아졌다. 본래 프리터란, 프리랜스 아르바이터의 약칭이지만, 현재는 학생과 주부를 제외한 15~34 세의 젊은이 중, 정식으로 취직하지 않고 아르바이트로 생활하는 사람을 의미하는 말로 사용되고 있다. 당초에는 자유로운 생활을 즐기기 위해 스스로 프리터가 되는 길을 선택하는 사람도 있었다. 그러나 거품경제가 붕괴하고, 정식으로 취직하기도 어려운 상황이 되어, 이제는 어쩔 수 없이 아르바이트로 생계를 꾸리는 사람이 급증하고 있다.

주요 단어 및 표현 ➔ ➔ ➔

就職(しゅうしょく) 취직 | ～せず ～하지 않고 | フリーター 프리터, 프리 아르바이터 | 本来(ほんらい) 본래 | 略称(りゃくしょう) 약칭 | 除(のぞ)く 제외하다, 빼다 | 若者(わかもの) 젊은이, 청년 | 正式(せいしき)に 정식으로 | 使(つか)われる 사용되다 | 当初(とうしょ) 당초 | バブル経済(けいざい) 거품경제 | 崩壊(ほうかい) 붕괴 | 正式(せいしき) 정식 | ～にくい ～하기 어렵다 | 仕方(しかた)なく 어쩔 수 없이 | 生計(せいけい)を立(た)てる 생계를 꾸리다 | 急増(きゅうぞう) 급증

5 이 내용에 대해, 올바른 것은 어느 것인가?
   1. 지금도 프리터의 다수는 자유로운 생활을 즐기고 있다.
   2. 대학생이 학비를 위해 아르바이트를 하는 것도 프리터이다.
   3. 최근에는 생활을 위해 어쩔 수 없이 프리터가 되는 일이 많다.
   4. 35 세 미만인 사람이 아르바이트를 했을 경우, 프리터라 불리운다.

6

초가을은 환절기입니다. 습기가 많은 여름과는 달리 공기가 건조해집니다. 수분이 부족하면 컨디션이 나빠져서 감기에 걸리기 쉬우므로 주의해야 합니다. 무엇보다도 목이 건조해지지 않도록 하는 것이 중요한데, 이런 때에 유용한 것이 가습기입니다. 가습기가 없을 경우에는 실내에 젖은 수건을 걸어 두거나 빨래를 널어 두는 것만으로도 충분한 효과가 있습니다.

주요 단어 및 표현 ➔ ➔ ➔

秋口(あきぐち) 초가을 | 季節(きせつ)の変(か)わり目(め) 환절기 | 湿気(しっけ) 습기 | ～とは違(ちが)って ～와는 달리 | 乾燥(かんそう) 건조 | 水分(すいぶん) 수분 | 体調(たいちょう)を崩(くず)す 컨디션이 나빠지다 | ～やすくなる ～하기 쉬워지다 | 喉(のど) 목, 목구멍 | 加湿器(かしつき) 가습기 | 室内(しつない) 실내 | 濡(ぬ)らす 적시다 | 洗濯物(せんたくもの)を干(ほ)す 빨래를 널다, 빨래를 말리다

6 이 글에서 건조 대책으로 권하는 방법이 아닌 것은 어느 것인가?
   1. 물을 많이 마신다.
   2. 방 안에 빨래를 널어 둔다.
   3. 실내에 젖은 수건을 널어 둔다.
   4. 가습기를 사용한다.

'빛의 화가'
클로드 모네 회고전

동일한 모티프를 다른 시간과 빛 아래서 그려, 수많은 연작을 발표한 '빛의 화가' 클로드 모네.

이번에 저희 미술관에서는 파리의 미술관에서 소장하고 있는 모네의 명작 45 점과 국내외 컬렉션에서 엄선한 작품을 포함해 초기부터 만년에 이르는 약 100 점을 전시합니다.

관람료／엔	당일요금	예매요금	단체요금
일반	1,500	1,200	1,300
중고교생	1,000	800	900

◎ 단체요금은 10 명 이상의 경우만 적용됩니다.

◎ 초등학생 이하 무료. ◎ 장애인분은 무료.

주요 단어 및 표현 → → →

モチーフ 모티프 | 光線(こうせん) 광선, 빛 | 描(えが)く 그리다 | 数々(かずかず)の 수많은 | 連作(れんさく) 연작 | 所蔵(しょぞう) 소장 | 加(くわ)える 더하다, 추가하다 | 晩年(ばんねん) 만년 | ～にわたる ～에 걸친 | 観覧料(かんらんりょう) 관람료 | 前売(まえうり) 예매 | 団体(だんたい) 단체 | 適用(てきよう) 적용 | 障害者(しょうがいしゃ) 장애인

7 당일 초등학생 5 명과 어른 17 명이 관람할 경우 관람료는 얼마인가?

　1. 28,600 엔

　2. 25,500 엔

　3. 22,100 엔

　4. 15,300 엔

8

~ 초급자라도 안심. 디지털카메라 촬영 교실~

당사 제품 '스타카메라 G4 시리즈'를 구입하신 여러분을 대상으로 제로부터 시작하는 촬영교실 소개입니다. 먼저 카메라 잡는 법, 기본조작 설명 등을 합니다. 그 후에, 꽃이나 요리를 촬영하는데 편리한 "마크로 모드"를 사용해 실제로 촬영을 하면서, 사진의 기초를 배워갑니다. 프로가 가르치는 기술을 배우면 촬영이 더욱 즐거워집니다. 강좌 당일은 각자 자신의 '스타카메라 G4 시리즈'를 지참해 주세요.

시간 : 90 분(1 회)

정원 : 15 명

참가비 : 500 엔 당일, 접수대에 지불해 주세요.

주요 단어 및 표현 → → →

デジタルカメラ 디지털 카메라 | 撮影(さつえい) 촬영 | お買(か)い上(あ)げ 구입 | プロ 프로 | はじめに 처음에, 먼저 | カメラの持(も)ち方(かた) 카메라 잡는 법 | 基本操作(きほんそうさ) 기본조작 | 説明(せつめい) 설명 | 料理(りょうり) 요리 | 便利(べんり) 편리 | マクロモード 마크로 모드 | 実際(じっさい)に 실제로 | ～ながら ~하면서 | 基礎(きそ) 기초 | 学(まな)ぶ 배우다 | お持(も)ちください 지참해 주세요 | お支払(しはら)いください 지불해 주세요

8 강좌 당일 가져올 것은 무엇인가?

1. 아무 것도 가져오지 않아도 된다
2. 500 엔
3. 꽃과 요리
4. 500 엔과 카메라

☆3 주년 기념! 특별캠페인 안내☆
항상 '다이어트 살롱 보테'를 이용해 주셔서 대단히 감사합니다.
여러분의 성원에 힘입어, 본점은 3 월 15 일에 오픈 3 주년을 맞이합니다. 여러분께 감사의 마음을 담아, 3 월 1 일
부터 3 월 15 일까지, 회원에 한해 '상반신 마사지 특별캠페인'을 실시합니다!
피부관리사가 직접 하는 마사지를 부디 이 기회를 통해 경험해 보세요. 선착순이므로 예약을 서두르세요.

주요 단어 및 표현 → → →

周年(しゅうねん) 주년 | 記念(きねん) 기념 | 特別(とくべつ) 특별 | キャンペーン 캠페인 | ご利用(りよう)いただき、まことにあ
りがとうございます 이용해 주셔서 대단히 감사합니다 | 皆様(みなさま) 여러분 | 感謝(かんしゃ)をこめて 감사의 마음을 담아 |
限定(げんてい)で 한정으로, 한해 | 上半身(じょうはんしん) 상반신 | マッサージ 마사지 | 実施(じっし) 실시 | エステティシャン
피부관리사, 마사지사 | 機会(きかい) 기회 | おためしください 시험(경험)해 보세요 | 先着順(せんちゃくじゅん) 선착순 | 予約
(よやく) 예약 | お早(はや)めに 빨리, 빠른 시일 내에

> **9** 특별 캠페인의 내용과 일치하는 것은 무엇인가?
>   1. 피부관리사가 3 명이 한다.
>   2. 예약을 할 필요는 없다.
>   3. 다이어트에 효과적이다.
>   4. 회원만 받을 수 있다.

　스이카(Suica) 라는 말을 처음 들었을 때는 과일인 수박이 떠올라 친근감이 가는 이름이라고 생각했습니다. JR
히가시니혼이 개발한 스이카는 철도나 버스, 쇼핑 등에도 이용할 수 있는 IC 카드입니다. 처음에는 철도의 일부
구간에서밖에 사용하지 못했지만, 버스에서도 사용할 수 있게 된데다가 전자화폐의 기능도 더해져 이용이 확대되
었습니다. 혼잡한 역 구내 매점에서 잔돈이 없어도 신속하게 물건을 살 수 있다는 점이 호평을 받아, 다양한 곳에
서 사용할 수 있게 된 것입니다. 현재는 대부분의 편의점에서 현금 대신에 사용할 수 있어서, 정말로 편리합니다.

주요 단어 및 표현 → → →

初(はじ)めて 처음으로 | 思(おも)い出(だ)す 생각해 내다 | 親(した)しみやすい 친근감을 갖기 쉽다 | JR東日本(ひがしにほん)
JR히가시니혼 철도회사 | ICカード IC 카드 | 電子(でんし)マネー 전자화폐 | 混雑(こんざつ)した 혼잡한 | スピーディーな 신속
한 | 親近感(しんきんかん) 친근감

> **10** 본문의 내용과 일치하는 것은 어느 것인가?
>   1. 스이카(Suica) 는 과일 이름과 같아서 잘못 아는 사람들이 많다.
>   2. 스이카(Suica) 는 철도와 편의점에서 밖에 이용할 수 없다.
>   3. 스이카(Suica) 는 과일 이름과 똑같아서 친근감을 가질 수 있다.
>   4. 스이카(Suica) 는 모든 편의점에서 이용할 수 있다.

11

　높이 3,776 미터로 일본에서 가장 높은 산인 후지산은, 4 계절 내내 다채로운 모습을 보여, 그 아름다움으로 세계적으로도 널리 알려져 있습니다. 등산로도 정비되어 있어, 통행금지가 되는 겨울을 제외하고, 정상까지 올라갈 수도 있습니다. 산기슭까지는 차량을 이용할 수 있습니다만, 최근에는 '자가용 규제'가 이루어지고 있기 때문에, 산기슭에서부터는 셔틀버스 등으로 갈아타고 등산로 입구로 가도록 되어 있습니다. 이것은 교통정체를 막음과 동시에, 자동차의 배기 가스로부터 후지산의 자연환경을 지키기 위해 시행되고 있는 것입니다.

주요 단어 및 표현 → → →

広(ひろ)く知(し)られる 널리 알려지다 | 四季(しき)を通(とお)して 사계절 내내 | 通行止(つうこうど)め 통행금지 | 麓(ふもと) 산 기슭 | マイカー 자가용, 내 차 | 乗(の)り換(か)える 갈아타다 | 防(ふせ)ぐ 막다, 예방하다

11 '자가용 규제'가 이루어지고 있는 이유는 무엇인가?
　　1. 겨울에는 통행금지가 되기 때문에.
　　2. 환경보호, 교통정체 방지를 위해 필요하기 때문에.
　　3. 등산로 정비를 위해서.
　　4. 셔틀버스나 택시를 타게 하려고.

12

　운전면허를 취득한 지 1 년 이내의 운전자는 초보라는 것을 나타내는 표식을 차량의 잘 보이는 위치에 붙여 놓지 않으면 안 됩니다. 1972 년에 시작된 이 표식제도는, 그 마크가 초보를 나타내는 녹색 새싹의 모양을 하고 있기 때문에 '새싹 마크'라는 애칭으로 친숙합니다. 이 제도의 목적은, 초보운전자에 대한 사고방지와 보호에 있어서, 주위의 운전자는 무리하게 끼어들어서는 안 됩니다. 또한 최근에는 고령의 운전자를 보호하기 위한 '네 잎 마크'라고 불리는 표식도 등장했습니다.

주요 단어 및 표현 → → →

運転免許(うんてんめんきょ) 운전면허 | 取得(しゅとく) 취득 | 初心者(しょしんしゃ) 초보 | 標識(ひょうしき) 표식 | 若葉(わかば) 새싹 | 愛称(あいしょう) 애칭 | 親(した)しまれる 사랑 받다, 친숙해지다 | 事故防止(じこぼうし) 사고방지 | 保護(ほご) 보호 | 割(わ)り込(こ)み 새치기 | 高齢(こうれい) 고령

12 '새싹 마크'와 관계가 없는 것은 어느 것인가?
　　1. 초보 운전자임을 나타내는 표식
　　2. 초보 운전자를 보호하기 위한 표식
　　3. 노인 운전자를 지키기 위한 표식
　　4. 운전면허를 딴 지 1 년이 지나지 않았음을 나타내는 표식

우유가 들어있는 우유팩은 종이로 되어 있습니다. 그 종이는 튼튼하지 않으면 안되기 때문에, 주로 침엽수라는 종류의 나무의 구부러진 가지 부분 등을 이용하여 만들어지고 있습니다. 침엽수를 키우는 데는 40 년에서 50 년 정도가 걸리므로, 소중히 재활용하지 않으면 안되겠죠.

재활용은, 먼저 여러분이 다 마신 팩을 잘 씻는 것에서부터 시작됩니다. 씻은 후에 잘라 펼쳐서 건조시킵니다. 이 우유팩을 회수해서 재생지로 만들어 화장지 등의 재활용 제품을 만들고 있습니다.

주요 단어 및 표현 → → →

牛乳(ぎゅうにゅう)パック 우유 팩 | 紙(かみ)からできている 종이로 되어 있다, 종이로 만들어져 있다 | おもに 주로 | 針葉樹(しんようじゅ) 침엽수 | 種類(しゅるい) 종류 | 曲(ま)がった枝(えだ) 구부러진 가지 | リサイクル 리사이클, 재활용 | 切(き)り開(ひら)く 잘라서 펼치다 | 乾燥(かんそう) 건조 | 回収(かいしゅう) 회수, 걷음 | 再生紙(さいせいし) 재생지 | トイレットペーパー 두루마리 휴지, 화장지

> 13 본문의 내용과 일치하는 것은 어느 것인가?
> 1. 우유팩은 재생지로 되어 있다.
> 2. 화장지는 재활용하는 것이 어렵다.
> 3. 침엽수는 키우는데 50 년 정도 걸린다.
> 4. 우유팩을 씻을 필요는 없다.

14

아래 메일은 다나카 씨가 요시다 씨에게 보낸 것이다.

수신 : yoshida@tokyoco.co.jp

제목 : 카탈로그 재송부에 대해

도쿄상사

영업부   요시다 님

늘 신세를 지고 있습니다. 다이와 물산의 다나카입니다.

일전에 귀사의 신제품 카탈로그를 송부해주시길 부탁 드렸습니다만, 아직 도착하지 않은 것 같습니다. 수고스러우시겠지만, 확인해 보시고 연락주실 수 없을까요? 또한 신제품을 주문했을 경우, 납품까지의 기간도 함께 가르쳐 주십시오.

잘 부탁 드리겠습니다.

다이와물산

담당   다나카 마코토

주요 단어 및 표현 → → →

あて先(さき) 수신(인) | **件名(けんめい)** 제목 | **いつもお世話(せわ)になっております** '늘 신세를 지고 있습니다'라는 뜻으로 편지나 전화에서 거래처 등에 대해 일반적으로 사용하는 상투적인 말 | **先日(せんじつ)** 일전, 요전 | **貴社(きしゃ)** 귀사 | **送付** (そうふ)송부, (물건을) 보냄 | **お手数(てすう)ですが** 수고스럽겠지만 | **納品(のうひん)** 납품 | **あわせて** 아울러, 함께, 겸해서

---

14 다나카 씨가 요시다 씨에게 메일을 보낸 목적은 무엇인가?

1. 신제품 카탈로그를 보냈는지 확인
2. 주문한 신제품을 보냈는지 확인
3. 보낸 신제품 카탈로그가 도착했는지 확인
4. 주문한 신제품을 언제까지 납품할 수 있는지 확인

아래의 메일은 다나카 씨가 나카무라 씨에게 보낸 것이다.

수신 : nakamura@tokyo.co.jp

제목 : 예약에 대해

주식회사 도쿄

대외협력부　나카무라 츠요시 님

평소부터 저희 회사를 이용해 주셔서 진심으로 감사 드립니다. 이번에 의뢰하신 10월 2일 출국, 5일 귀국 예정(3박 4일)의 도쿄－서울간 왕복항공권 준비는 의뢰하신 대로 예약이 완료 되었습니다. 상세한 사항에 대해서는 첨부파일을 확인해 주십시오.

또한 불분명한 점이 있으시다면 연락 바랍니다.

잘 부탁 드리겠습니다.

야마사여행

다나카 준코

주요 단어 및 표현 → → →

平素(へいそ) 평소 | この度(たび) 이번, 금번 | 依頼(いらい) 의뢰 | 航空券(こうくうけん) 항공권 | 手配(てはい) 수배, 준비, 채비 | 〜の通(とお)り 〜대로 | 完了(かんりょう) 완료 | 詳細(しょうさい) 상세(한 내용) | 添付(てんぷ) 첨부 | 不明(ふめい)な 불분명한

15 다나카 씨가 나카무라 씨에게 메일을 보낸 목적은 무엇인가?
  1. 항공권 예약을 마친 것을 알리는 것
  2. 귀국예정일에 대해 첨부파일을 보내주길 바란다는 것
  3. 출국부터 귀국까지의 수속에 대한 변경을 알리는 것
  4. 불분명한 점이 있어서 확인해 주었으면 해서

16

2012 년 2 월 10 일
마츠카와제약 주식회사
총무부장　다나카 하지메 님

무라타제약 주식회사
총무부장 우치무라 타쿠야

삼가 인사 드립니다.

귀사 더욱 번성하시길 기원드립니다.
　일전에는 저희 회사 사원이 귀사 공장의 제조공정을 견학하게 해 주셔서, 진심으로 감사 드립니다. 또한 생산부의 요시다과장님을 비롯해 담당자분들께서 세심하게 설명해 주셔서 거듭 감사의 말씀을 드립니다.
　덕분에 견학한 사원 일동은 제조공정에 대해 다양한 지식을 습득할 수 있었습니다. 모쪼록 앞으로도 많은 지도 부탁드립니다.

경구

주요 단어 및 표현 → → →

拝啓(はいけい) 배계(삼가 인사 드린다), 편지 첫머리에 쓰는 말 | 貴社(きしゃ) 귀사 | ますます 점점 더, 더욱 | 貴社(きしゃ) ますますご清栄(せいえい)のこととお慶(よろこ)び申(もう)し上(あ)げます 귀사 더욱 번성하시리 기원드립니다 | かさねて 한 번 더, 거듭, 재차 | 見学(けんがく)させていただく 견학하게 해주시다, 견학하다 | 丁寧(ていねい)に 정중하게, 세심하게 | 身(み)につける 익히다, 습득하다 | きっかけに 계기로 | 前進(ぜんしん) 전진, 발전 | 今後(こんご)とも 앞으로도 | 指導(しどう)とも 지도 | 敬具(けいぐ) 경구(편지 끝에 덧붙이는 인사말)

16 이 비즈니스문서의 내용과 일치하는 것은 어느 것인가?
　1. 가까운 시일 내에 공장에 가서 인사라도 하고 싶다.
　2. 제조공정을 견학할 수 있는지 확인하고 싶다.
　3. 공장견학을 했을 때 자세하게 설명해 주어서 감사하다.
　4. 담당자들이 제조공정에 대해 설명해 주었으면 한다.

주민 여러분께
가스기기 정기점검 알림

　아래 일정으로, 가스기기가 정상으로 작동하고 있는지의 점검작업을 합니다. 점검에는 거주하시는 분이 입회해 주셔야 합니다. 아래의 지정시간 중에는, 집에 반드시 계시도록 해주십시오. 여러분의 안전을 위해 필요한 검사입니다. 부디 협조 부탁드립니다.
　※입회가 무리인 경우에는, 17일(금) 까지 관리인에게 반드시 연락해 주십시오.

일시: 2012년 9월 24일(월) 오전 9시~11시
(각 집당 10분 정도 걸릴 예정입니다.)

주요 단어 및 표현 → → →

住民(じゅうみん) 주민 | ガス機器(きき) 가스기기 | 定期点検(ていきてんけん) 정기 점검 | お知(し)らせ 알림, 공지, 통지 | 下記(かき) 하기, 아래 | 正常(せいじょう) 정상 | 作動(さどう) 작동 | 作業(さぎょう) 작업 | 行(おこな)う 행하다, 실시하다 | 指定時間(していじかん) 지정시간 | 必(かなら)ず 반드시 | 安全(あんぜん) 안전 | 必要(ひつよう) 필요 | ご協力(きょうりょく)よろしくお願(ねが)いいたします 협조 부탁드립니다 | 管理人(かんりにん) 관리인 | 連絡(れんらく) 연락

17 주민이 하지 않아도 되는 것은 무엇인가?
　1. 가스 기기의 정기점검을 받는 것
　2. 부재시의 사전연락
　3. 지정시간에 집에 있는 것
　4. 가스 기기의 청소

18

> 운동을 하면 몸이 따뜻해지고 땀을 흘린다. 인간은 어째서 땀을 흘리는 것일까? 인간은 움직이기 위한 에너지를 음식에서 섭취하거나, 활동을 했을 때 '열'을 발생시킨다. 열이 나면, 인간의 체온은 올라간다. 하지만 인간의 심부 체온은 37도 전후로 일정하게 유지되지 않으면 살아갈 수 없게 되어 있다. 때문에 땀을 흘려 체온을 낮춰, 체온을 일정 범위 내로 유지하기 위해 조절하고 있는 것이다. 땀은 체온을 조절해 주는 매우 중요한 것인데, 최근에는 저체온증 때문에 땀을 흘리지 않는 사람도 늘고 있어 문제가 되고 있다.

주요 단어 및 표현 → → →

汗(あせ)をかく 땀을 흘리다 | エネルギー 에너지 | 取(と)る 섭취하다, 취하다 | 動(うご)きまわる 활동하다, 이리저리 움직이다 | 生(う)む 낳다, 만들어 내다 | 体温(たいおん) 체온 | 深部体温(しんぶたいおん) 심부체온 | 一定(いってい)に保(たも)つ 일정하게 유지하다 | 範囲内(はんいない) 범위 내 | 調節(ちょうせつ) 조절 | 低体温症(ていたいおんしょう) 저체온증 | 増(ふ)える 늘다

18 왜 인간은 '땀'을 흘리는가?
   1. 몸을 뜨겁게 하기 위해
   2. 물을 많이 마시기 위해
   3. 체온을 조절하기 위해
   4. 음식에서 에너지를 얻기 위해

19

> 여름이 되면 매일 같이 더운 날이 이어지기 때문에 식욕을 잃고, 기운을 잃는 사람이 많습니다만, 원기 회복에 좋은 음식이라 하면 뭐니뭐니해도 장어요리가 최고입니다. 특히 더운 여름에는 장어를 먹으면, 건강하게 지낼 수 있다고 하여, 예로부터 일본인이 즐겨왔다고 합니다. 장어에는 비타민군이 듬뿍 들어 있고, 그 중에서도 비타민A가 풍부하게 함유되어 있습니다. 비타민A는 시금치와 당근 등에도 많이 함유되어 있습니다만, 더운 여름일수록 채소는 흉작이 되는 경향이 있기 때문에 장어는 비타민A의 중요한 공급원이라고 할 수 있습니다.

주요 단어 및 표현 → → →

食欲(しょくよく) 식욕 | うなぎ 뱀장어 | 親(した)しまれる 「親しむ」의 수동형. 친숙해지다, 사랑 받다 | たっぷり 듬뿍 | 豊富(ほうふ)に 풍부하게 | 含(ふく)む 포함하다 | ほうれん草(そう) 시금치 | 人参(にんじん) 당근 | 不作(ふさく) 흉작 | 夏場(なつば) 여름철, 여름 동안 | 供給源(きょうきゅうげん) 공급원

19 본문의 내용과 일치하는 것은 어느 것인가?
   1. 장어에는 다양한 비타민이 많이 함유되어 있다.
   2. 여름에 지지 않기 위해서는 장어를 먹지 않으면 안 된다.
   3. 장어에는 시금치보다 비타민A가 다량 함유되어 있다.
   4. 장어를 먹을 때는 식욕을 돋우기 위해 비타민을 먹는다.

일본에서 꽃구경이라고 하면 일반적으로 벚꽃을 보는 것을 의미합니다. 봄이 되면 일본 전국에 벚꽃이 피기 시작합니다만, 일본열도는 남북으로 가늘고 긴 형태를 하고 있기 때문에, 지역마다 개화하는 시기가 조금 다릅니다. 개화는 3월 하순, 규슈 남부에서부터 시작되어, 시코쿠, 간토, 도호쿠로 북상하여, 5월 초순에 홋카이도에 이릅니다. 이 개화 예상일을 연결한 선을 매스컴에서는 (   )라고 부릅니다. 1967년부터 이루어진 기상청에 의한 개화예상발표는 2010년부터는 중단되었습니다만, 대신에 민간 일기예보회사에 의해 제공되게 되었습니다.

주요 단어 및 표현 → → →

花見(はなみ) 꽃구경 | 咲(さ)き始(はじ)める 피기 시작하다 | 日本列島(にほんれっとう) 일본열도 | 細長(ほそなが)く 가늘고 길게 | ～ごとに ～마다 | 開花(かいか) 개화, 꽃이 핌 | 下旬(げじゅん) 하순 | 気象庁(きしょうちょう) 기상청 | ～ようになる ～하게 되다 | 梅雨前線(ばいうぜんせん) 장마 전선

20 본문의 (   ) 안에 들어갈 말로서 맞는 것은 어느 것인가?
1. 벚꽃전선
2. 장마전선
3. 한랭전선
4. 온난전선

21

　휴대 전화의 계약건수가 연내에 세계인구의 80% 에 가까운 53 억 건이 될 것이라고, 국제연합의 전문기관인 '국제전기통신연합'이 발표 했습니다. 전화선이 필요 없는 휴대전화는 인터넷을 정비하는 것에 비해 간단해서, 계약 중 38 억 건은 개발도상국에 집중되어 있습니다. 선진국에서는 인구보다도 계약건수가 많고, 한 사람 당 한대 이상의 휴대전화를 가진 사람이 늘고 있는 것 같습니다. 또 선진국을 중심으로 보다 빠른 통신이 가능한 '제 3 세대' 휴대전화의 이용이 확산되고 있다는 발표도 있었습니다.

주요 단어 및 표현 → → →

携帯電話(けいたいでんわ) 휴대전화 | 契約数(けいやくすう) 계약 수 | 年内(ねんない)に 연내에 | 国連(こくれん) 국제연합, UN | 専門機関(せんもんきかん) 전문 기관 | 国際電気通信連合(こくさいでんきつうしんれんごう) 국제전기통신연합 | 電話線(でんわせん)がいらない 전화선이 필요 없다 | 整備(せいび) 정비 | 簡単(かんたん) 간단 | 契約(けいやく)のうち 계약 중, 계약 가운데 | 途上国(とじょうこく) 도상국, 개발도상국 | 先進国(せんしんこく) 선진국 | より速(はや)い通信(つうしん) 보다 빠른 통신

21 본문의 내용과 일치하는 것은 어느 것인가?
1. 휴대전화의 전체 계약건수 중 개발도상국지역의 계약 수가 많다.
2. 선진국에서는 '제 3 세대' 휴대전화의 계약이 더 많다.
3. 휴대전화보다 인터넷의 정비 쪽이 간단하다.
4. 휴대전화 계약건수는 세계인구의 절반 정도이다.

22

　일본어에서는 아버지의 형도, 어머니의 남동생도, 길을 지나다니는 중년의 남자도, 모두 '아저씨(おじさん)'라고 한다. 원래는, 부모의 남자 형제를 부를 때 사용하였는데, 어느새 타인도 '아저씨'라고 부르게 된 듯하다. 부모의 형인 경우에는 '伯父さん(백부)', 동생인 경우에는 '叔父さん(숙부)'이라는 한자를 사용하지만, 읽는 방법은 어느 쪽도 '아저씨(おじさん)'이다. 하지만, 요즘에는 독자가 늘어, 결혼한 두 사람이 모두 형제가 없는 경우도 있다. 그러면 그 부부 사이에서 태어난 아이에게는 아저씨가 없는 것이 된다. 앞으로는 <u>일본에서 '아저씨'가 줄어 갈지도 모른다</u>.

주요 단어 및 표현 → → →

年配(ねんぱい) 연배, 중년 | もともと 애초에, 원래 | そのうち 멀지 않아, 가까운 시일 안에, 어느새 | 一人(ひとり)っ子(こ) 외동 아들(딸), 독자 | 今後(こんご) 이후

22 왜 <u>일본에서 '아저씨'가 줄어 갈지도 모르는</u> 것인가?
1. 인구가 줄어서
2. 독자가 늘어나서
3. '아저씨'라고 부르는 것은 실례라서
4. '백부'와 '숙부'는 읽는 법이 달라서

인간의 체온은 대체로 36도에서 37도 입니다. 그 체온을 유지하기 위해, 두 가지가 큰 역할을 하고 있습니다. 먼저 하나는 혈관입니다. 몸이 뜨거워졌다고 느끼면, 먼저 혈관이 변화합니다. 몸의 표면 가까이에 있는 혈관이 확장되어, 몸의 안쪽에서 열을 가진 혈액은 몸의 표면에 모여듭니다. 여기서 열을 몸 밖으로 방출하는 것입니다. 혈액은 몸 속을 돌고 있기 때문에, 열을 내뿜은 혈액은 다시 몸 안쪽으로 되돌아 옵니다. 또 다른 하나의 주역은 땀입니다. 몸이 뜨거워 지면 땀이 많이 나옵니다. 땀은 거의 수분이므로 증발합니다. 이때 몸의 열을 함께 가지고 가주는 것입니다.

주요 단어 및 표현 → → →

保(たも)つ 유지하다 | 働(はたら)き 활동, 역할 | 血管(けっかん) 혈관 | 奥(おく) 안 쪽, 속 | 表面(ひょうめん) 표면 | 逃(に)がす 놓아주다, 방출하다 | 回(まわ)る 돌다 | 主役(しゅやく) 주역 | ほとんど 거의 | 蒸発(じょうはつ) 증발

23 사람의 체온은 어떤 활동에 의해 유지되는가?
1. 혈액과 혈관
2. 땀과 수분
3. 증발과 열
4. 혈관과 땀

24

[방문 알림] 306 호실 요코야마님

2013 년 전국 세대조사를 위해, 조사원이 금일 (8 월 25 일) 15 시 30 분에 귀하의 가정을 방문하였지만, 만 나뵙지못해, 메모를 남깁니다.

● 동봉의 조사용지에 필요사항을 기입해 주십시오.

● 조사용지는 조사원이 귀하의 가정을 방문하여 직접 회수합니다.

　(그 때 간단한 질문사항에 대답을 해주셔야 하는 경우도 있습니다)

● 희망하는 회수 일자를, 아래 연락처로 알려주십시오.

주민 여러분의 협조를 부탁드립니다.

조사원 이름　호시노 요코(히가시구 담당)

조사원 연락처　020-1234-5678

주요 단어 및 표현 → → →

号室(ごうしつ) 호실 | 世帯調査(せたいちょうさ) 세대조사 | 調査員(ちょうさいん) 조사원 | 本日(ほんじつ) 금일, 오늘 | 貴宅(きたく) 댁(상대방의 집을 높여 부르는 말) | メモを残(のこ)す 메모를 남기다 | 同封(どうふう)の調査紙(ちょうさし) 동봉의 조사용지, 같이 들어있는 조사용지 | 必要事項(ひつようじこう)をご記入(きにゅう)ください 필요사항을 기입해 주세요 | 直接回収(ちょくせつかいしゅう) します 직접 회수합니다 | その際(さい)に 그 때에 | 質問事項(しつもんじこう) 질문사항 | 場合(ばあい) 경우 | 希望(きぼう) 희망 | 連絡先(れんらくさき) 연락처 | お知(し)らせください 알려주세요 | 協力(きょうりょく) 협조 | 氏名(しめい) 성명 | 担当(たんとう) 담당

24 본문의 내용과 일치하는 것은 어느 것인가?
1. 조사원에게 전화해서 인구조사를 받지 않으면 안 된다.
2. 306 호실 주민은 8 월 25 일에 조사를 받았다.
3. 조사용지는 조사원에게 직접 건네주지 않아도 된다.
4. 희망하는 일시를 연락하여 회수 일자를 정하지 않으면 안 된다.

최대 40% 세일!! 포인트도 2 배!! 만든 당일부터 당신의 생활이 훨씬 편리해지고, 득이 되는 카드의 안내입니다. 전국 KK 백화점에서 이용하실 때마다, 10% 의 포인트가 쌓입니다. 생일이 있는 달에는 포인트가 2 배. 게다가, 최대 40% 나 할인되는 회원제 세일을 안내합니다. 또 카드제시로 KK 시네마의 영화가 500 엔 할인되는 서비스도. 꼭 이 기회에 카드를 만들어 보시지 않으시겠습니까?

주요 단어 및 표현 → → →

最大(さいだい) 최대 | セール 세일, 할인 | 2倍(ばい) 2배 | ポイント 포인트 | お得(とく)になる 득이 되다 | ご利用(りよう)のたびに 이용하실 때 마다 | 割引(わりびき) 할인 | 会員制(かいいんせい)セール 회원제 세일 | 提示(ていじ) 제시 | シネマ 시네마, 영화

25 카드를 만들면 가능한 것은 어느 것인가?
1. 전국의 백화점에서 쇼핑 시 언제나 40% 할인이 된다.
2. 1 년에 2 회 있는 회원제 세일에 초대된다.
3. KK 시네마 영화의 무료티켓을 받을 수 있다.
4. KK 백화점을 이용할 때마다 10% 의 포인트를 받을 수 있다.

[지도 횟수] 주 2 회 정도(주 4~6 시간)
[지도 학년] 중학 2 학년, 여자
[지도 과목] 영어 ·국어 ·수학
[지도 내용] 학생은 영어가 상당히 취약(평균점보다 10 점 이상 낮음). 국어, 수학도 평균점 정도이기 때문에, 교과서의 내용을 완전히 마스터하는 것을 목표로 하여, 평균점 20 점 향상을 희망.(인센티브 있음)
※이공계 여자 대학생 희망. 인문계인 분도 상담해주세요.
그 밖의 문의, 응모는 아래의 주소로 연락 주세요.
[메일 주소] Koukou@k_kyoushi.com.

주요 단어 및 표현 → → →

回数(かいすう) 횟수 | 生徒(せいと) 학생 | かなり 꽤, 상당히 | 苦手(にがて) 취약, 약함, 못함 | 教科書(きょうかしょ) 교과서 | 完全(かんぜん)に 완전히 | マスター 마스터 | 目標(もくひょう) 목표 | 平均点(へいきんてん) 평균점 | インセンティブ 인센티브, 보상금, 장려금 | 理工系(りこうけい) 이공계 | 文系(ぶんけい) 인문계, 문과 | ご相談(そうだん)ください 상담해 주세요 | 応募(おうぼ) 응모

26 이것은 무슨 공지인가?
1. 중학생을 대상으로 한 학습 학원의 수업안내 광고
2. 중학생을 위한 가정교사응모 광고
3. 이공계 여자 대학생에 의한 가정교사 소개 광고
4. 이공계 여자 대학생을 대상으로 한 기업안내 광고

27

> 우리 집 정평 레시피!
> 〈 만드는 법〉
> 먼저, 조미료를 만들어 놓습니다. 다음에, 닭고기를 껍데기 쪽부터 프라이팬에 넣고, 바삭하게 엷은 갈색으로 굽고, 뒤집습니다. 고기에서 나온 기름을 키친타월 등으로 제거합니다. 만들어 놓은 조미료를 넣어서, 국물을 돌리듯이 부으면서 더 굽습니다. 닭고기 요리는 불 조절이 포인트! 조미료를 넣고 나서는 태우지 않도록 체크해 주세요.

주요 단어 및 표현 ➔ ➔ ➔

我(わ)が家(や) 우리 집 | 定番(ていばん) 유행에 좌우되지 않는, 정해져 있는, 정평이 나있는 | レシピ 레시피 | 調味料(ちょうみりょう) 조미료 | あわせておく 합쳐 놓다, 배합해 놓다 | 次(つぎ)に 다음에 | 鶏肉(とりにく) 닭고기 | 皮(かわ) 껍질, 가죽 | きつね色(いろ) 엷은 갈색 | 裏返(うらがえ)す 뒤집다 | キッチンペーパー 키친타월 | まわす 돌리다 | かけながら 부으면서 | 火(ひ)の調節(ちょうせつ) 불의 조절 | 焦(こ)がす 태우다

27 이 요리에서 가장 주의 하지 않으면 안 되는 것은 어느 것인가?
 1. 조미료를 만들어 놓는 것
 2. 국물을 돌리듯이 붓는 것
 3. 불을 조절하는 것
 4. 고기에서 나온 기름을 줄이는 것

28

> 십 년 후의 일본은 '지금보다 좋지 않을 것이다'고 생각하는 사람이 75.2% 에 달해, 지금까지의 조사에서 최고였던 1996 년의 숫자를 넘었다고 합니다. 좋지 않은 방향으로 가고 있다고 생각하는 사람 중에서, 가장 많았던 것은, 취직할 수 있을까 등의 '고용·노동상황'에 관한 것으로, 66.2% 였습니다. 그 밖에 '노후의 생활에 금전적인 면에서 불안을 느낀다'고 하는 사람은 50.3% 이었습니다. 그럼, 10 년 후의 2020 년은, 어떤 사회가 되어있을까요?

주요 단어 및 표현 ➔ ➔ ➔

達(たっ)する 달하다 | 調査(ちょうさ) 조사 | 超(こ)える 넘다 | 方向(ほうこう) 방향 | 向(む)かっている 향하고 있다 | 就職(しゅうしょく) 취직 | 雇用(こよう) 고용 | 労働状況(ろうどうじょうきょう) 노동상황 | 老後(ろうご)の生活(せいかつ) 노후 생활 | お金(かね)の面(めん)で 금전적인 면에서

28 본문의 내용과 일치하는 것은 어느 것인가?
 1. 10 년 후의 일본은, 좋은 방향으로 향할 것이라고 생각한 사람이 많았다.
 2. 10 년 후의 일본은, 취직 상황이 좋아질 것이라고 생각한 사람이 많았다.
 3. 10 년 후의 일본은, 노후생활이 어려워 질 것이라고 생각한 사람이 가장 많았다.
 4. 10 년 후의 일본은, 고용·노동상황이 나빠질 것이라고 생각한 사람이 가장 많았다.

문제 5 다음의 문장을 읽고, 질문에 답하시오. 답은 1·2·3·4 에서 가장 적당한 것을 고르시오.

1

　자판기의 천국, 일본. 일본에 처음 온 외국인이라면, 거리의 도처에 설치되어 있는 자판기의 수에 깜짝 놀랄 것입니다. ①그도 그럴 것이, 가장 자주 눈에 띄는 음료나 담배를 비롯해, 맥주, 아이스크림, 우동, 컵라면, 햄버거, 타코야키, 후라이드 포테이토, 과일, 잡지, 신문 등, 다양한 자판기가 있기 때문입니다. 현재 그 수는 500만대에 달하고 있어, 근처에 편의점이 없어도 불편함을 느끼지 않을 정도입니다.

　그렇다고 해서, 담배나 맥주 등을 아무나 살 수 있는 것은 아닙니다. 성인만 구입할 수 있도록, 판매시간이나 설치하는 장소에 제한이 있습니다. 또, 이 자판기에는 성인인지 아닌지를 확인하기 위한 기능이 있어, 청소년은 이용할 수 없도록 고안되어 있습니다.

　②특정 성인을 대상으로 한 상품을 제외하고, 다양한 자판기를 언제나 누구라도 이용할 수 있기 때문에, 확실히 편리하긴 하지만, 실은 전국 여기저기에 설치되어 있는 500만대에 이르는 자판기는 소비전력이 크기 때문에, 에너지절약 시대의 고민거리가 되고 있어, 정부도 규제하는 방침을 명백히 하고 있습니다.

주요 단어 및 표현 → → →

自動販売機(じどうはんばいき) 자동판매기 | 天国(てんごく) 천국 | びっくりする 깜짝 놀라다 | 見(み)かける 눈에 띄다, 보다 |
アイスクリーム 아이스크림 | 様々(さまざま)な 다양한, 여러 가지의 | ～にのぼる (수량이) ～에 이르다 | 設置(せっち) 설치 |
制限(せいげん) 제한 | 機能(きのう) 기능 | 工夫(くふう) 고안, 궁리 | 特定(とくてい) 특정 | 大人向(おとなむ)けの商品(しょうひん)
성인을 대상으로 한 상품 | ～を除(のぞ)いて ～을 제외하고 | あちこち 여기저기 | 消費電力(しょうひでんりょく) 소비전력 | 省
(しょう)エネ 에너지절약 | 悩(なや)みの種(たね) 고민거리 | 規制(きせい) 규제 | 方針(ほうしん) 방침

---

1 ①그도 그럴 것이라고 한 이유는 무엇인가?
　1. 여러 종류의 자판기가 많이 있으니까
　2. 거리에는 음료가 별로 없으니까
　3. 자판기는 대도시에 집중해 있으니까
　4. 청소년은 살 수 없으니까

2 ②특정 성인을 대상으로 한 상품이란 무엇인가?
　1. 컵라면
　2. 주스
　3. 캔맥주
　4. 우동

3 본문의 내용과 일치하는 것은 어느 것인가?
　1. 전국에 설치되는 자판기 수는 늘고 있다.
　2. 자판기는 어디에나 설치할 수 있다.
　3. 자판기는 소비전력이 커서 문제가 되고 있다.
　4. 특정 컵라면의 자동판매기는 자주 눈에 띈다.

2

다음 주, 근처의 빵집이 이전한다고 한다. 어머니 말로는, 내가 초등학교에 들어가기 전부터 계속 같은 자리에 있었다고 한다. 내가 기억하는 것만 해도 10년이 넘는다. 뭔가 기념할만한 일이 있을 때마다 그 빵집에서 케이크를 샀는데, 오래된 빌딩의 재건축 때문에 옆 마을로 이전된다는 것이다. ①너무 아쉬워서 '재건축 따위 안 하면 좋을 텐데'라고 생각할 정도다.

나는 어릴 때부터 그 집 빵을 매우 좋아했다. 어머니를 졸라 산 메론빵의 맛은 아직도 잊을 수 없다. 가족의 생일을 축하할 때도 언제나 그 빵집에 케이크를 부탁했었다. 그 날 저녁이 되면 아저씨가 언제나 애써 집까지 들고 와주셨기 때문에 ②케이크가 올 때까지 두근두근 하며 기다렸던 것을 기억하고 있다.

그 중에도 기억에 남아있는 것은 초등학교를 졸업하고 중학생이 되어 처음 맞이한 생일에 있었던 일이다. 빵집 아저씨가 중학생이 된 기념으로, 내가 좋아하는 메론빵을 봉투에 가득 담아 주셨다. 그 날 구운 것 중에서 가장 맛있게 된 것을 골라 주셨다고 한다. 아저씨는 맛있는 빵을 구워줬을 뿐만 아니라, 매우 친절하게 대해 주셨다. 언제까지나 잊지 못할 것이다.

주요 단어 및 표현 → → →

近所(きんじょ) 근처 | 引(ひ)っ越(こ)す 이사하다 | 覚(おぼ)える 기억하다 | 記念(きねん)すべきこと 기념할 만한 일 | 建(た)て替(か)え 재건축, 다시 지음 | 移(うつ)る 이동하다, 옮기다 | ねだる 조르다 | 祝(いわ)う 축하하다 | 頼(たの)む 부탁하다, 의뢰하다 | わざわざ 일부러, 애써 | 届(とど)く 닿다, 도착하다 | わくわく 두근두근 | 記憶(きおく)に残(のこ)る 기억에 남다 | 迎(むか)える 맞이하다 | 袋(ふくろ) 봉투

4 ①너무 아쉬워서 '재건축 따위 안 하면 좋을 텐데'라고 생각할 정도다라고 되어 있는데, 어째서 아쉬운 것인가?
1. 어릴 때부터 자주 이용해 친숙해진 빵집이니까
2. 싸고 맛있는 빵을 만들어 주니까
3. 생일 때는 언제나 덤을 줬기 때문에
4. 근처에 빵집이 하나 밖에 없으니까

5 ②케이크가 올 때까지 두근두근 하며 기다렸던 것을 기억하고 있다라고 되어 있는데, 어째서 두근두근 했는가?
1. 덤이 먹고 싶어서
2. 빨리 케이크가 먹고 싶어서
3. 기다리는 것이 싫어서
4. 몰래 먹고 싶어서

6 이 문장의 내용과 일치하지 않는 것은 어느 것인가?
1. 근처의 빵집이 이전해 버리기 때문에 아쉽다.
2. 새로운 빵집이 생기는 것을 기대하고 있다.
3. 그 빵집에는 어릴 때부터의 추억이 있다.
4. 빵집의 아저씨는 매우 상냥한 사람이었다.

지금 전 세계에서 LCC라고 불리는 항공회사가 늘어나고 있다. LCC란 로우 코스트 캐리어, 즉 저가 항공회사의 약자이다. 예를 들면, 대형 항공사라면 일본과 중국의 상하이를 왕복하는 항공권의 요금은 5만 엔이지만, 한 LCC의 항공권은 약 3만 엔이다.

이러한 LCC는 어째서 싼 것 일까? 그 이유는 비용절감에 있다. 통상 무료로 나누어 주는 주스나 모포, 헤드폰, 잡지 등 거의 모든 기내서비스가 LCC에서는 유료이다. 또 티켓판매는, 인터넷을 통한 예약판매만 하는 것이 일반적이다. 사용 요금이 싼 작은 공항을 이용하는 일도 많다.

아메리카의 LCC에서는, 회사의 비행기는 한 종류뿐이다. 정비와 교육에 걸리는 시간과 인원을 줄이는 것이 가능하기 때문이다. LCC는 이러한 노력을 통해 싼 가격을 실현하고 있다, 지금까지의 '비행기는 하늘 위의 호텔'이라는 이미지는 이제 없지만, 값이 싸다는 매력으로 많은 이용객을 모으고 있다.

주요 단어 및 표현 → → →

航空会社(こうくうがいしゃ) 항공회사 | つまり 즉, 요컨대 | 低価格(ていかかく) 저가(격) | 略(りゃく) 약, 생략 | たとえば 예를 들면 | 大手(おおて) 대형의, 큰 | 往復(おうふく) 왕복 | コストカット 비용 절감 | 通常(つうじょう) 통상 | 無料(むりょう) 무료 | 配(くば)る 나누어 주다, 배부하다 | 毛布(もうふ) 모포 | ヘッドホン 헤드폰 | 雑誌(ざっし) 잡지 | 機内(きない)サービス 기내 서비스 | 有料(ゆうりょう) 유료 | 販売(はんばい) 판매 | インターネットによる予約販売(よやくはんばい) 인터넷을 통한 예약판매 | ～のみ ～뿐, ～만 | 魅力(みりょく) 매력

---

7 LCC 란 무엇인가?

1. 가격이 싼 항공회사의 이름
2. 운행요금이 싼 항공회사의 약칭
3. 대형 항공사의 별명
4. 사용요금이 싼 작은 공항

8 LCC가 인기를 끌게 된 이유는 무엇인가?

1. 서비스가 좋고 호텔 같은 이미지이므로
2. 5 만 엔에서 3 만 엔이 되는 등, 할인율이 높으므로
3. 여러 개의 공항 중에 인기가 있는 공항을 선택하므로
4. 티켓이 싸다는 매력이 있으므로

9 본문의 내용과 일치하는 것은 어느 것인가?

1. LCC 는 가능한 한 비용을 절감하려고 하고 있다.
2. LCC 에서는 주스, 모포, 헤드폰 등은 무료이다.
3. LCC 는 서비스가 좋아 하늘 위의 호텔이라고 불리고 있다.
4. LCC 에서는 일본과 중국의 상하이를 잇는 노선이 특히 인기가 있다.

4

쌀에 포함되는 영양분의 70%이상은, 몸이나 뇌를 움직이는 에너지원이 되는 '전분'입니다. 특히 쌀의 '전분'은 질이 좋고, 먹으면 금방 힘이 나서, 그 힘을 지속시킬 수 있습니다. 스포츠선수가 '시합 전에 주먹밥을 먹는다'고 하는 말을 들은 적은 없나요? 주먹밥은 간편한 스테미너 식품입니다. 다음으로 많이 포함되어 있는 '단백질'은, 피나 살 등 몸을 만들기 위해 중요한 영양(소)입니다. 그 밖에 쌀은 몸의 컨디션을 조절하는 '비타민' 등도 포함하고 있습니다.

또 밥은 쌀에 물을 흡수시켜 짓기 때문에, 수분을 많이 포함하여, 적은 양으로도 배가 부르게 됩니다. 그리고 에너지로서 소비되기 쉬우므로, 쉽게 살이 찌지 않습니다. 이렇게 밥을 먹는 것은, 건강에 필요한 영양이 균형 있게 포함되어 있는데다, 다이어트에 적합하다는 이점도 있습니다.

최근에는 간단하게 빵으로 식사를 하는 사람도 많은 듯 합니다만, 예로부터 내려오는 밥을 식사로 하는 것을 재고해 보았으면 합니다.

주요 단어 및 표현 → → →

含(ふく)まれる 포함되다 | 栄養分(えいようぶん) 영양분 | 脳(のう) 뇌 | エネルギーの元(もと) 에너지원 | でんぷん 전분 | おにぎり 주먹밥 | 手軽(てがる) 손쉬움, 간편함 | スタミナ食(しょく) 스테미너 음식, 정력에 좋은 음식 | たんぱく質(しつ) 단백질 | 整(ととの)える 정비하다, 다듬다, 조절하다 | 炊(た)く (밥을)하다, 짓다 | 消費(しょうひ) 소비 | バランス 밸런스 | 利点(りてん) 이점 | 見直(みなお)す 재검토하다

---

[10] 쌀의 '전분'은 어떤 영양(소)인가?
　　1. 몸 속의 피나 살, 세포 등의 몸을 만들기 위한 영양(소)
　　2. 몸의 컨디션을 조절하는 영양(소)
　　3. 몸이나 뇌를 움직이는 에너지가 되는 영양(소)
　　4. 몸에 잘 쌓이지 않고 소비되기 쉬운 영양(소)

[11] 스포츠선수가 '시합 전에 주먹밥을 먹는다'는 것은 어째서인가?
　　1. 먹으면 금방 기운이 나니까
　　2. 적은 양으로도 배가 부르니까
　　3. 에너지로 소비되기 쉬우니까
　　4. 일본인은 주먹밥을 좋아하니까

[12] 본문의 내용과 일치하는 것은 어느 것인가?
　　1. 쌀에는 수분이 많이 포함되어 있다.
　　2. 쌀이 가장 많이 가지고 있는 영양분은 '단백질'이다.
　　3. '비타민'은 피나 살 등, 몸을 만드는데 필요한 영양분이다.
　　4. 쌀은 건강에 필요한 영양분이 균형 있게 들어 있으므로, 가능한 한 먹어야 한다.

'선진각국에서 고령화 사회로 들어섰다'는 말을 듣는 일이 많지만, 실은 일본은 이미 고령화 사회를 지나 이미 고령사회로 접어들었습니다. 총인구에서 차지하는 65세 이상의 인구가 차지하는 비율이 7% 이상인 사회를 고령화 사회라고 하고, 14% 이상이면 고령사회, 20% 이상일 경우에는 초고령 사회라고 합니다.

이러한 고령화는 의학의 진보로 사망률이 저하하고, 고령자가 늘어남에 따라 생긴 현상이지만, 이와 함께 결혼해도 아이를 낳지 않거나 한 명밖에 낳지 않는 부부가 늘어나서 저출산이 진행되고 있는 것도 큰 문제입니다. 저출산의 원인은 최근에는 불경기의 영향 등으로 이전보다 결혼하기 어려워 지고 있는 것이나, 결혼해서 아이를 낳는다 해도 육아와 일을 양립할 수 있는 환경이 아직 제대로 정비되어 있지 않기 때문에, 일하는 여성의 출산 의욕이 낮아진 것 등을 들 수 있습니다.

이러한 저출산·고령화에 따른 문제는 경제, 정치, 사회 등의 다양한 분야에 영향을 주고 있습니다.

주요 단어 및 표현 → → →

高齢化(こうれいか) 고령화 | 超高齢社会(ちょうこうれいしゃかい) 초고령사회 | 少子化(しょうしか) 저출산 | 不況(ふきょう) 불황 | 両立(りょうりつ) 양립 | 充実(じゅうじつ) 충실 | 出産意欲(しゅっさんいよく) 출산 의욕 | 影響(えいきょう)を与(あた)える 영향을 주다

13 본문의 내용과 일치하는 것은 어느 것인가?
1. 고령화 사회는 의학이 발달했다는 증거이기도 하다.
2. 고령화되면 결혼해도 아이를 낳지 않는다.
3. 일본은 지금 고령화 사회이다.
4. 사망률이 줄어, 고령자가 느는 것은 좋은 일이다.

14 고령화 사회의 정의로서 옳은 것은 어느 것인가?
1. 65세 이상의 인구 비율이 7%에서 14% 미만인 사회
2. 65세 이상의 인구 비율이 14% 이하인 사회
3. 65세 이상의 인구 비율이 19% 이하인 사회
4. 65세 이상의 인구 비율이 14%에서 20% 이하인 사회

15 저출산의 원인의 하나라고 할 수 있는 것은 어느 것인가?
1. 여성이 육아를 싫어해서
2. 일본에서는 일을 하면서 아이를 키우는 것이 불가능해서
3. 불경기 등으로 이전보다 결혼하기 어려워져서
4. 전업주부의 출산의욕이 낮아져서

6

에코포인트란, 에너지 절약 효과가 뛰어난 에어컨, 냉장고, 지상파 디지털 TV와 같은 녹색가전을 구입했을 때 받을 수 있는 포인트를 말합니다. 지구온난화 대책, 경제 활성화 및 지상파 디지털 TV의 보급 촉진 등을 목표로 만들어 졌습니다. 특히 지구온난화의 가장 큰 원인이라고 일컬어지는 CO_2에 대한 지식이 없는 소비자라도 환경 친화적인 절전가전으로 교체함으로써 가정에서 온난화 대책을 실천할 수 있도록 한 것입니다.

취득한 포인트는 다양한 에너지절약상품이나 전자화폐 등의 서비스와 교환할 수 있지만, 지금까지 포인트를 신청하는 절차가 복잡했기 때문에 이용률이 낮다는 점이 문제였습니다. 앞으로는 이 점을 개선해 간다고 합니다. 또한 대상이 되는 가전의 절전 기준의 강화, 절전 성능이 높은 LED전구 등을 보급시키기 위한 특별한 조치도 취한다고 합니다.

주요 단어 및 표현 → → →

冷蔵庫(れいぞうこ) 냉장고 | 地球温暖化(ちきゅうおんだんか) 지구온난화 | 対策(たいさく) 대책 | 普及(ふきゅう) 보급 | 図(はか)る 꾀하다, 도모하다 | 原因(げんいん)とされる 원인으로 여겨지다, 원인으로 일컬어지다 | 知識(ちしき) 지식 | 買(か)い換(か)える 사서 바꾸다 | 実践(じっせん) 실천 | 交換(こうかん) 교환 | 申請(しんせい)する 신청하다 | 利用率(りようりつ) 이용률 | 改善(かいぜん) 개선 | 措置(そち) 조치

16 본문의 내용과 일치하는 것은 어느 것인가?
   1. 에코포인트는 어떤 것을 사더라도 받을 수 있다.
   2. 에코포인트 제도를 이제부터 더욱 개선되어 갈 것 같다.
   3. 에너지효율이 좋은 가전을 구입하면 할인해 준다.
   4. 에코포인트는 상품 교환만이 가능하다.

17 에코포인트의 대상이 아닌 것은 어느 것인가?
   1. 절전형 에어컨
   2. 절전형 냉장고
   3. LCD 텔레비전
   4. 녹색가전

18 에코포인트의 신청률이 낮은 이유는 어느 것인가?
   1. 신청하는 절차가 복잡해서
   2. 매우 편의성이 좋을 것 같아서
   3. 절전형 가전을 팔지 않아서
   4. 에너지절약 기준을 지키지 않아서

점점 더 환경문제가 심각해지고 있는 가운데, 현재 일본에서는 국민이 한마음으로 '챌린지 25 캠페인'이라는 국민운동에 주력하고 있습니다. 이것은 원래 '팀 마이너스 6%'라고 불렸던 운동이 새로워진 것입니다.

'팀 마이너스 6%'는 지구온난화라는 문제의 해결을 위해, 2012년까지 일본의 CO_2의 배출량을 1990년에 비해 6% 줄이는 것을 세계에 약속하여, 이것을 실현하기 위한 국민적 프로젝트였습니다.

그 후 2009년 9월 뉴욕에서 열린 국제연합 기후변화 정상회의에서 일본의 수상이 2020년까지는 1990년보다 CO_2 배출량을 25% 줄일 것을 표명했습니다.

이러한 연유로, 명칭을 '챌린지 25 캠페인'으로 고치고, 이전보다 많은 CO_2삭감을 향한 국민 운동으로 다시 태어난 것입니다. 이 운동에서는 CO_2 감축을 위해, 산업부문뿐 아니라 오피스나 일반 가정에서도 실천할 수 있는 구체적인 행동을 제안하고 있습니다.

주요 단어 및 표현 → → →

ますます 점점 더 | 環境問題(かんきょうもんだい) 환경문제 | 深刻化(しんこくか) 심각화 | 力(ちから)を入(い)れる 힘을 쏟다, 주력하다 | ご存(ぞん)じ 잘 아심(存じ의 높임말) | 排出量(はいしゅつりょう) 배출량 | プロジェクト 프로젝트 | 国連(こくれん) 국제연합, UN | 気候変動(きこうへんどう)サミット 기후변화 정상회의 | 表明(ひょうめい) 표명 | 改(あらた)める 고치다, 바꾸다 | ～に向(む)けた ～을 향한 | 具体的(ぐたいてき) 구체적 | 提案(ていあん) 제안

19 이 글에서 '챌린지 25 캠페인'이란 어떤 것이라고 말하고 있는가?
   1. 1990년 보다 CO_2의 배출량을 25% 감축하기 위한 국민운동
   2. 2009년 보다 CO_2의 배출량을 25% 감축하기 위한 국민운동
   3. '팀 마이너스 6%'보다 먼저 진행된 국민운동
   4. 일본의 수상이 제안한 국민운동

20 '팀 마이너스 6%'란 어떤 운동인가?
   1. 모두가 CO_2를 6% 늘리기 위한 국민운동
   2. 모두가 CO_2를 6% 줄이기 위한 국민운동
   3. 1990년부터 시작된 지구온난화 방지를 위한 국민운동
   4. 2005년부터 시작된 지구온난화 방지를 위한 국민운동

21 이 글의 내용과 일치하지 않는 것은 어느 것인가?
   1. 온난화 방지를 위해 가정에서도 실천이 필요하다.
   2. 챌린지 25 캠페인은 더욱 강화된 온난화 방지활동이다.
   3. 팀 마이너스 6%를 통해 실제로 CO_2를 6% 줄였다.
   4. 환경문제는 더욱 심각해지고 있다.

8

여러분 지갑 안의 지폐를 봐 주세요. 후쿠자와 유키치, 히구치 이치요, 노구치 히데요 등, 지폐에는 유명한 사람들의 얼굴이 그려져 있지요. 너무 익숙한 나머지, <u>평소에는 아무런 생각 없이</u> 사용하고 있지만, 지폐에는 왜 유명인의 초상화가 그려져 있을까요? 거기에는 의외로 깊은 의미가 있었습니다.

일본은행의 자료에 의하면 초상화를 사용하는 것은 '위조방지', '친근감', '판별의 용이함' 등의 이유가 있다고 합니다. 우리들의 눈에는 사람의 얼굴을 구별하는 능력이 있어, 얼굴이 조금이라도 흐릿해 지기만 해도 '다르다'는 느낌을 갖습니다. 또 사람의 얼굴에는 친근감을 가지기 쉽다고 하며, 그 때문에 기억하기도 쉽습니다. 이러한 특성을 이용하여, 돈에 사람의 얼굴을 넣는 것으로, 진짜 지폐와 위조지폐의 구별이 쉽게 되도록 하는 것입니다.

주요 단어 및 표현 → → →

財布(さいふ) 지갑 | お札(さつ) 지폐 | 有名(ゆうめい) 유명 | 描(か)かれている 그려져 있다 | あまりに 너무나도 | 見慣(みな)れている 늘 보아오다, 익숙하다 | 肖像画(しょうぞうが) 초상화 | 印刷(いんさつ) 인쇄 | 意外(いがい) 의외 | 深(ふか)い意味(いみ) 깊은 의미 | 偽造防止(ぎぞうぼうし) 위조방지 | 親近感(しんきんかん) 친근감 | 判別(はんべつ)のしやすさ 판별의 용이함 | 見分(みわ)ける 분간하다, 판별하다 | 能力(のうりょく) 능력 | ぼやける 흐릿해지다, 희미해지다 | 持(も)ちやすく 가지기 쉽고 | 記憶(きおく)しやすい 기억하기 쉽다 | 特性(とくせい) 특성 | 利用(りよう) 이용 | ニセ札(さつ) 위조지폐

22 평소에는 아무런 생각 없이라고 되어 있는데, 무엇을 생각하지 않는 것인가?
   1. 지갑 속의 지폐에 익숙해 있는 것
   2. 어째서 지폐에 얼굴이 그려져 있는가 하는 것
   3. 어떻게 지폐를 만들고 있는가 하는 것
   4. 어째서 지폐 그림에 후쿠자와 유키치나 히구치 이치요가 선택되었는가 하는 것

23 초상화를 사용하는 이유로 맞지 않은 것은 어느 것인가?
   1. 친근함을 주기 쉬워서
   2. 법률로 정해져 있으니까
   3. 위조지폐 방지를 위해
   4. 조금만 달라도 분별할 수 있으니까

24 본문의 내용과 일치하는 것은 어느 것인가?
   1. 지폐에 사람의 얼굴이 그려져 있는 것은, 위조지폐의 판별을 쉽게 하기 위해서이다.
   2. 인간의 눈은 얼굴이 조금 다르다는 것만으로는 알 수 없다.
   3. 인간의 얼굴은 기억하기 쉬우므로, 지폐에 그리는 것은 간단하다.
   4. 유명한 위인의 초상화를 지폐에 넣으면, 이용하기 쉽다.

봄이 되면 화분증로 고민하는 사람들이 갑자기 늘어납니다. 꽃가루 알레르기라고도 하는 화분증은, 주로 봄에 꽃이 피기 시작하는 시기에 증상이 나타나거나, 악화됩니다. 화분증의 원인이 되는 식물은 일본 내에서만 60종류 이상이 있다고 하며, 그 중에서 삼나무가 가장 큰 원인이라고 합니다.

옛날에는 화분증에 걸리는 사람이 드물었지만, 통계에 의하면, 최근 들어 갑자기 늘었다고 합니다. 옛날에 비해 환자가 늘어난 데는, 여러 이유가 있다고 하지만, 그 중 하나로 의료기술의 발달도 있는 듯 합니다. 예전에는 화분증이라는 것을 몰랐지만, 의료기술의 발달에 따라 발견할 수 있게 되었다고 하는 것 입니다.

화분증은 원인이 되는 꽃가루를 멀리하는 것이 가장 일반적인 치료방법이라고 합니다. 꽃가루 알레르기가 있는 사람은 될 수 있는 한 외출을 삼가고, 실내에 꽃가루가 들어오지 않도록 막아야 합니다. 어쩔 수 없이 외출을 할 때에는 필터가 부착된 마스크를 착용하는 것도 하나의 방법이지만, 먼저 면역력을 키우는 것이 중요합니다.

주요 단어 및 표현 → → →

花粉症(かふんしょう) 화분증, 꽃가루 알레르기 | 悩(なや)む 고민하다 | 一気(いっき)に増(ふ)える 한꺼번에 늘다, 갑자기 늘다 | 咲(さ)き始(はじ)める 피기 시작하다 | 症状(しょうじょう)が現(あらわ)れる 증상이 나타나다 | 悪化(あっか) 악화 | 植物(しょくぶつ) 식물 | 種類(しゅるい) 종류 | スギの木(き) 삼나무 | 統計(とうけい) 통계 | 患者(かんじゃ) 환자 | 医療技術(いりょうぎじゅつ) 의료기술 | かつて 예전에, 이전에 | ～に伴(ともな)って ～에 동반하여, ～에 따라, ～과 함께 | 遠(とお)ざける 멀리하다 | 治療方法(ちりょうほうほう) 치료방법 | 防(ふせ)ぐ 막다, 예방하다 | 仕方(しかた)なく 별 수 없이 | フィルター付(つ)きのマスク 필터가 달린 마스크 | 免疫力(めんえきりょく)を高(たか)める 면역력을 높이다

25 화분증의 설명으로 본문의 내용과 일치하지 않는 것은 어느 것인가?
1. 꽃가루 알레르기라고도 한다.
2. 봄이 되면 증상이 악화된다.
3. 원인이 되는 식물은 60 종류 뿐이다.
4. 꽃이 피는 계절에 나타난다.

26 화분증 환자가 급증한 이유에 대해 본문의 내용과 일치하는 것은 어느 것인가?
1. 알레르기 환자가 늘어나서
2. 의료기술이 발달했기 때문에
3. 통계 산출 방법이 바뀌어서
4. 치료가 어려워져서

27 화분증의 치료방법으로 본문의 내용과 일치하지 않는 것은 어느 것인가?
1. 가능한 한 외출하지 않는다.
2. 꽃가루가 집안에 들어오지 않도록 한다.
3. 외출시에는 마스크를 착용한다.
4. 면역력을 높이는 약을 먹는다.

10

지구상의 자원에는 한계가 있어 수십 년에서 수백 년 후에는 없어진다고도 합니다. 그리고 이러한 자원 문제와 함께 심각한 것이 쓰레기문제입니다. 우리 사회에서는, 인구가 늘어난 만큼 개개인의 생활에 맞춘 편리한 물건도 많이 늘었지만, 그만큼 많은 쓰레기가 배출되게 되었습니다. 쓰레기가 계속 늘어난 결과, 그 쓰레기를 태울 장소가 없다거나, 버릴 장소가 없다는 등의 문제가 일어나게 되었습니다.

이러한 쓰레기와 자원 문제를 하나의 문제로 생각해 해결하려고 하는 3R운동이 최근에 새롭게 시작되었습니다. 자원을 절약하면서 쓰레기를 쓰레기가 아닌 하나의 자원으로 보고 재이용하려고 하는 운동입니다. Reduce=자원의 사용을 줄인다, Reuse=다시 사용한다, Recycle= 자원을 재이용한다, 는 세 단어의 이니셜 'R'을 합쳐 3R이라고 불리고 있습니다. 쓰레기가 되는 것 자체를 배출하지 않도록 한다는 의미에서는, Reduce의 활동으로부터 시작하는 것이 중요할 것입니다.

주요 단어 및 표현 → → →

資源(しげん) 자원 | 限(かぎ)り 한계, 끝 | 深刻(しんこく) 심각 | ゴミ 쓰레기 | 人口(じんこう) 인구 | あわせる 합치다, 모으다, 맞추다 | 便利(べんり) 편리 | 増(ふ)え続(つづ)ける 계속 늘어나다 | 結果(けっか) 결과 | もやす 태우다 | 捨(す)てる 버리다 | 問題(もんだい)がおこる 문제가 발생하다, 문제가 일어나다 | 解決(かいけつ) 해결 | 節約(せつやく) 절약 | くりかえす 반복하다, 되풀이하다 | 再利用(さいりよう) 재이용 | 頭文字(かしらもじ) 머리글자, 이니셜

28 3R운동에 해당하는 것은 어느 것인가?
   1. 수백 년 후에는 없어져 버리는 자원을 보호하는 운동
   2. 쓰레기를 태우거나 버릴 장소를 찾는 운동
   3. 버릴 때 자원과 쓰레기를 분별하도록 장려하는 운동
   4. 쓰레기를 자원의 하나로써 재이용하는 운동

29 본문에 있는 'Reduce=자원의 사용을 줄인다'는 것에 일치하는 행동은 어느 것인가?
   1. 입지 않게 된 옷을 프리마켓에 가져간다.
   2. 종이 접시나 종이 컵을 사용하지 않고, 자신의 컵을 사용한다.
   3. 페트병을 모아서 의자를 만든다.
   4. 되도록 가격이 싼 것을 산다.

30 본문의 내용에 일치하는 것은 어느 것인가?
   1. 쓰레기문제가 자원 문제보다 심각하다.
   2. 쓰레기를 줄이는 것과 자원을 절약하는 것은 동시에 가능하다.
   3. 쓰레기가 늘어난 것은, 쓰레기를 버릴 장소가 없기 때문이다.
   4. 자원문제를 해결하기 위해서 새로운 에너지개발이 진행되고 있다.

그 나라에서 소비되고 있는 식재료가, 얼마나 국내에서 생산되고 있는가를 나타내는 숫자가 '식량자급률'입니다. 일본에서는 일식에서 양식이 느는 등의 식생활의 변화가 있어서, 자급률이 높은 쌀을 먹는 양이 줄고, 자급률이 낮은 고기나 기름을 소비하는 양이 늘어, 현재는 40%가 되었습니다. 세계 다른 나라에 비하면, 이것은 매우 낮은 수치 입니다.

일본의 인구는 세계의 2%밖에 안 되는데, 세계전체 농산물의 약 10%를 수입하고 있습니다. 세계의 인구는 계속 증가해, 50년 후에는 현재의 1.5배가 될 것이라고 하는데, 세계의 농지 면적은 늘지 않았습니다. 또 산림의 무분별한 벌목 등의 이유로, 매년 500만 헥타르나 되는 농지가 사막이 되고 있습니다.

세계 환경을 위해서도, 자신들의 먹거리는 될 수 있는 한 자신의 나라에서 생산해야 합니다. 식량자급률을 올려가기 위해서는, 정부, 생산자, 사업가 등이 각각의 위치에서 힘을 모아야 합니다. 그리고 동시에 우리들 소비자의 의식도 바뀌어야 하지 않을까요.

주요 단어 및 표현 → → →

食料(しょくりょう) 식재료 | どのくらい 어느 정도 | 国内(こくない) 국내 | 生産(せいさん) 생산 | あらわす 나타내다, 드러내다 | 食糧自給率(しょくりょうじきゅうりつ) 식량자급률 | 量(りょう)が減(へ)る 양이 줄다 | 食生活(しょくせいかつ) 식생활 | 変化(へんか) 변화 | 農産物(のうさんぶつ) 농산물 | 輸入(ゆにゅう) 수입 | 農地(のうち)の面積(めんせき) 농지면적 | 切(き)りすぎ 너무 많이 자름, 과도한 벌목 | 砂漠(さばく) 사막 | 環境(かんきょう) 환경 | 作(つく)るべきだ 만들어야 한다 | 政府(せいふ) 정부 | 生産者(せいさんしゃ) 생산자 | 事業者(じぎょうしゃ) 사업가 | それぞれの立場(たちば)から 각자의 위치(입장)에서 | 力(ちから)を合(あ)わせる 힘을 합치다 | 重要(じゅうよう) 중요 | 同時(どうじ)に 동시에 | 消費者(しょうひしゃ) 소비자 | 意識(いしき) 의식

31 식량자급률이란 무엇인가?
1. 국내에서 소비되고 있는 식재료를 스스로 구입할 수 있는가를 나타낸 것
2. 국내에서 소비되고 있는 식재료 중, 국내에서 생산되고 있는 비율을 나타낸 것
3. 국내에서 소비되고 있는 식재료 중, 해외에서 수입되는 비율을 나타낸 것
4. 국내에서 소비되고 있는 식재료와 식생활 변화와의 관계를 나타낸 것

32 본문에 쓰여 있는 설명과 일치하지 않는 것은 어느 것인가?
1. 세계인구는 50 년 후에는 1.5 배가 될 것이라고 한다.
2. 일본의 인구는 세계인구의 2% 이다.
3. 일본에서는 고기나 기름을 사용한 요리가 늘어나는 등 식생활이 변했다.
4. 일본은 세계전체의 농산물의 10% 를 수출하고 있다.

33 저자의 의견과 일치하는 것은 어느 것인가?
1. 세계 환경을 위해서도 자신들의 먹거리는 자신의 나라에서 생산하는 것이 중요하다.
2. 식량자급률을 높이기 위해서, 생산자가 더욱 대책을 세우지 않으면 안 된다.
3. 밥을 먹으면 식량자급률이 올라갈 것이다.
4. 식량자급률을 높이기 위해서는, 산림의 면적을 넓혀야 한다.

12

일본의 거리를 걷다 보면, 자판기가 많이 있는 것에 놀랄 것입니다. 자판기란 자동판매기의 약칭으로, 무인으로 물건을 팔거나 서비스를 제공하는 기계를 말합니다. 일본에서는 실로 다양한 자판기를 볼 수 있습니다. 그 중에는 꽃이나 속옷, 우산 등 별난 물건을 파는 자판기도 있습니다.

최신 데이터에 의하면, 일본 국내의 자판기에서 팔린 상품의 판매고는 6조 8,315억 5,640만 엔 이었습니다. 이것은 보급 대수가 세계 제일인 미국의 판매고보다 높은 숫자입니다. 양국의 인구의 차를 생각하면, 일본에서는 자판기가 생활에 없어서는 안 되는 것이 되었다는 것을 알 수 있을 것입니다.

더욱이 지금도 새로운 기능이 계속해서 개발되고 있습니다. 전자머니를 쓸 수 있는 자판기, 재해정보가 나오는 자판기도 나왔습니다.

주요 단어 및 표현 → → →

驚(おどろ)く 놀라다 | 提供(ていきょう) 제공 | 機械(きかい) 기계 | データ 데이터 | 売(う)り上(あ)げ 매상, 판매고 | 普及(ふきゅう) 보급 | 差(さ) 차, 차이 | さらに 더욱이 | どんどん 점점, 계속해서 | 開発(かいはつ) 개발 | 電子(でんし)マネー 전자머니 | 災害情報(さいがいじょうほう) 재해정보

---

34 자판기가 생활에 없어서는 안 되는 것이라고 생각하는 이유는 무엇인가?

1. 자판기를 이용하고 있는 사람이 많아서
2. 별난 자판기가 많아서
3. 전자머니를 사용할 수 있게 되어서
4. 보급대수가 세계 제일이어서

35 자판기의 최신기능은 어느 것인가?

1. 찬 음료와 따뜻한 음료를 고를 수 있다.
2. 재해 정보가 나온다.
3. 무인판매를 한다.
4. 할인을 한다.

36 본문의 내용과 일치하지 않는 것은 어느 것인가?

1. 자판기의 보급대수는 미국보다 일본이 적다.
2. 물건을 파는 것뿐만 아니라, 서비스를 제공하는 기계도 자판기라고 한다.
3. 자판기에서 판매되는 물품의 판매고는 일본보다 미국이 높다.
4. 일본에서는, 새로운 자판기의 기능이 계속해서 개발되고 있다.

　1978년에 판매를 시작해, 30년 이상 동안 우리에게 친숙했던 '문구권'이 폐지되게 되었습니다. 문구권은 연필이나 노트, 지우개 같은 문구용품 등과 교환할 수 있는 상품권으로, 입학이나 생일 등을 맞이한 어린이에게 주는 선물 등으로 자주 사용되어 왔습니다.

　지금까지 약 330억엔 분이 발행되어, 전국의 백화점이나 문방구 등, 1만 이상의 가게에서 이용돼왔지만, 저출산이나 인터넷 판매의 영향을 받아, 최근 발권량은 가장 많았을 때에 비해 3분의 1까지 줄어들었습니다. 이 때문에 문구권을 판매했던 일본문구진흥 주식회사에서는, 문구권의 판매를 10월 31일까지로 중단하고, 연말까지 폐지하기로 하였습니다. 아직 사용하지 않은 문구권은 약 42억 엔 분이 있으며, 연말까지는 전국의 가게에서 이용할 수 있습니다. 상품권을 사용할 수 없는 내년 이후에는 기한을 정해 환금에 응한다고 합니다.

　입학이나 진학 선물로, 문구권을 받았던 사람도 많을 것입니다. 언젠가 사용하려고 보관해 두었거나, 깜빡 잊고 사용하지 못한 문구권이 집 어딘가에 있을지도 모릅니다. 만약 문구권을 발견하면, 빨리 이용하거나, 절차를 밟읍시다.

주요 단어 및 표현 → → →

親(した)しむ 친숙하다, 가까이 하다 | 廃止(はいし) 폐지 | 鉛筆(えんぴつ) 연필 | 消(け)しゴム 지우개 | 文房具(ぶんぼうぐ) 문방구, 문구용품 | 金券(きんけん) 금권, 상품권 | 日本文具振興(にほんぶんぐしんこう) 일본문구진흥 | 百貨店(ひゃっかてん) 백화점 | 少子化(しょうしか) 소자녀화, 저출산 | 減(へ)る 줄다 | このため 이 때문에 | 中止(ちゅうし) 중지, 중단 | 期限(きげん) 기한 | 年末(ねんまつ) 연말 | 換金(かんきん)に応(おう)じる 환금에 응하다

37 문구권이란 어떤 것인가?
　1. 어린이가 입학했을 때나 생일에 주는 선물
　2. 문방용품과 교환할 수 있는 상품권
　3. 백화점에서 문구용품을 살 때 필요한 특별권
　4. 인터넷판매에서 사용하는 상품권

38 문구권은 언제까지 사용할 수 있는가?
　1. 언제라도 쓸 수 있다
　2. 10월 31일 까지
　3. 12월 31일 까지
　4. 이미 사용할 수 없다

39 본문의 내용과 일치하는 것은 어느 것인가?
　1. 문구권은 인터넷 상에서 쇼핑할 때 사용할 수 있다.
　2. 문구권을 사용하는 사람이 줄었기 때문에, 사용할 수 있는 가게를 늘리기로 하였다.
　3. 문구권은 아이들에게 선물로 인기가 높아졌다.
　4. 문구권을 사용할 수 있는 기한이 정해졌기 때문에, 잊어버리고 사용못한 문구권이 없는지 확인하는 편이 좋다.

14

비가 내린 후에 하늘에 보이는 일곱 빛깔의 무지개에 감동한 적은 없습니까? 무지개는 빗방울에 태양의 빛이 굴절, 반사를 일으켜 생기는 현상입니다. 빛은 물에 들어갈 때 굴절하는데, 굴절의 정도는 빛의 색에 따라 다릅니다. 이 때 빛이 일곱 색깔로 나누어집니다. 그리고 일곱 색깔로 나누어진 빛이 물 안에서 반사해, 물에서 나갈 때도 다시 굴절하여, 더 강하게, 색의 분산이 나타납니다. 이 때문에 우리들의 눈에 무지개는 각각의 색이 나뉘어 보이는 것입니다.

무지개가 나타나는 각도는 정해져 있습니다. 어느 한 쪽에 비가 내리고, 또 다른 어느 한 쪽이 맑을 때, 태양의 반대 방향에 보입니다. 즉, 무지개가 나타나는 각도는, 맑게 개인 쪽과는 반대 방향인 것입니다. 낮에는 태양이 머리 위에 있으므로 무지개는 보이지 않습니다.

예를 들면, 아침에는 태양이 동쪽에 있으므로, 무지개는 서쪽에서 나타납니다. 반대로 저녁이라면, 무지개는 동쪽 하늘에 나타납니다. 날씨는 보통 서쪽에서 동쪽으로 변해 갑니다. 만약 저녁에 동쪽에 무지개가 생기면, 서쪽 하늘이 맑게 개여 있다는 것이기 때문에, 무지개를 보고 다음 날은 맑을 것이라고 날씨를 예상하는 일도 가능합니다.

주요 단어 및 표현 → → →

七色(なないろ) 일곱 색깔 | 虹(にじ) 무지개 | 雨粒(あまつぶ) 빗방울 | 屈折(くっせつ) 굴절 | 反射(はんしゃ) 반사 | 割合(わりあい) 비율 | 分散(ぶんさん) 분산 | 角度(かくど) 각도 | 晴(は)れる 맑다, 맑게 개다 | 天気(てんき) 날씨, 일기 | 予想(よそう) 예상

40 이 때 빛이 일곱 색깔로 나누어집니다라고 되어 있는데, 어느 때인가?
   1. 무지개가 서쪽에 보였을 때
   2. 비가 내리고, 빗방울이 남아 있을 때
   3. 빛이 물 속에서 반사될 때
   4. 빛이 물 속에 들어가서 굴절 할 때

41 무지개는 언제 어떻게 보이는가?
   1. 맑게 개여 있을 때, 머리 위에서 보인다.
   2. 맑게 개여 있을 때, 태양이 있는 방향에 보인다.
   3. 비가 내린 후, 태양과는 반대 방향에 보인다.
   4. 비가 내린 후, 머리 위에 보인다.

42 본문의 내용과 일치하지 않는 것은 어느 것인가?
   1. 무지개가 보이는 각도는 정해져 있으므로, 보이지 않을 때도 있다.
   2. 무지개는 비가 내린 후에 반드시 볼 수 있다.
   3. 저녁에 무지개가 보이는 방향으로, 날씨를 예상 할 수 있다.
   4. 태양의 빛이 빗방울을 통과할 때 생기는 현상이 무지개이다.

문제 6 다음 문장을 읽고, 질문에 답하시오. 답은, 1·2·3·4 에서 가장 적당한 것을 하나 고르시오.

1

어릴 적부터, 정리정돈을 잘 못했다. 아차싶어 보면 방도, 책상 위도 엉망이 되어있어, 어찌할 바를 모르게 된다. 어느 날의 일이었다. TV에 유명한 사장님이 나와, '일을 잘 한다는 것은, 잘 정리한다는 뜻이다'고 말하며, 그 방법을 설명해 주었다. 또 다른 방송에서는 어느 스포츠선수가 '정리를 하면, 머리도 정리된다'고 말했었다. 왠지 유명한 사람들이 하나같이 '정리는 중요하다'고 말하고 있다. 나도 이번에야말로 정리를 해보려고 마음먹었다.

바로 다음 주말, TV에서 말한 대로 정리를 해보기로 했다. 사장님에 의하면, 정리하는 것은 불필요한 것을 버리는 데서 시작되는 듯하다. 먼저, 잘 쓰는 물건과 평소에 사용하지 않는 물건으로 나눈다. 비슷한 목적으로 사용하는 것은, 어느 하나 만을 남기고 다른 것들은 버린다. 중요한 것은, 마음 속으로 우선순위를 정하는 것, 그리고, 버릴 물건을 정하는 것이다. 하지만, 이것이 어려웠다. 언젠가 사용할지도 모른다거나, 비쌌는데 버리면 후회할지도 모른다는 불안이 있어, 물건을 버릴 결단을 할 수 없는 것이다. 하지만, 정말 언제가 사용하는 날이 올까?

결국 물건을 버리는 것은, 자신이 가지고 있는 불안을 버린다는 것일지도 모른다. 불안을 버렸을 때, 자신에게 있어서 지금 정말로 중요한 것이 무엇인지가 잘 보이게 된다. 정리를 하고, 나는 그것을 깨달았다. 마지막으로 정리된 방을 보았을 때는 기분이 상쾌했다. 그건 그렇고, 지금부터는 물건을 늘리지 않도록 해야겠다.

주요 단어 및 표현 → → →

整理(せいり) 정리 | 気(き)がつく 정신이 들다, 생각이 미치다 | ぐちゃぐちゃ 엉망진창임 | 途方(とほう)にくれる 어찌할 바를 모르다 | 別(べつ)の番組(ばんぐみ) 다른 방송 | さっそく 얼른, 곧, 즉시 | 不要(ふよう)なもの 불필요한 것 | ふだん 평소 | わける 나누다 | 残(のこ)す 남기다 | 捨(す)てる 버리다 | 優先順位(ゆうせんじゅんい) 우선순위 | 決断(けつだん) 결단 | 結局(けっきょく) 결국 | 片付(かたづ)く 정리되다 | すっきりした 말쑥하다, 상쾌해지다 | さて 그런데, 자 | ~ように しなくてはいけない ~하도록 하지 않으면 안 된다

1 필자가 정리를 하기로 한 계기는 무엇인가?

   1. 그 날은 기분이 매우 상쾌했던 것

   2. 언젠가 사용할 일이 있을지도 모른다는 것

   3. 유명한 사람이 정리의 이점과 방법을 설명했던 것

   4. 방도 책상도 엉망이어서 부모님께 혼났던 것

2 <u>이것이 어려웠다</u>라고 되어 있는데, 어째서 어려웠는가?

   1. 버릴 때 돈이 들어서

   2. 버리는 것에 불안이 있어서

   3. 어느 한 쪽을 고르는 것이 싫어서

   4. 버릴 필요가 없는 것들만 있어서

3 이 글에서 언급 된 정리할 때 중요한 것이란 어느 것인가?

   1. 사장이 '버려라'고 한 것을 버리는 것

   2. 가격이 싼 것을 버리는 것

   3. 다른 사람에게 받은 물건은 버리지 않는 것

   4. 스스로 우선순위를 생각하여, 버릴 물건을 정하는 것

4 필자의 말과 일치하는 것은 어느 것인가?

   1. 유명인이 말해도 정리는 좋아지지 않는다.

   2. 물건을 버림으로써, 자신에게 중요한 것을 알게 되었다.

   3. 물건을 버릴 때에는, 가족과 잘 상의하는 것이 중요하다.

   4. 물건을 버리는 것은 좋지 않은 일이므로, 기분이 나쁘다.

신칸센이란, 시속 200킬로 이상으로 달리는 고속철도를 말합니다. 일본에 신칸센이 달리기 시작한 것은, 1964년부터입니다. 최초의 신칸센은 1959년 4월에 착공하여, 1964년 10월에 개통한 토카이도신칸센입니다. 도쿄와 신오사카의 552.6킬로의 구역을 잇는 ①도카이도신칸센은, 영업운전을 시작한지 3년도 지나지 않아, 합계 1억 명이 이용하는 큰 성과를 올렸습니다. 이 도카이도신칸센의 ②성공에 힘입어, 잇달아 다른 구간에서도 신칸센이 도입되게 되었습니다. 1987년에 국철이 민영화되고, 현재는 JR히가시일본, JR토카이, JR니시일본, JR큐슈의 JR그룹의 4개 회사가 운영하고 있습니다.

당초의, 신칸센은 원거리를 이동하기 위한 수단, 비행기를 대신할 수단으로 이용하는 것이 상정되어 있었는데, 1990년대부터는 신칸센을 이용한 통근·통학자가 크게 증가하고 있습니다. 이것은 거품경제 때, 대도시의 토지가격이 비싸져서, 교외로 이사한 사람이 늘었기 때문으로 보입니다.

신칸센에는 각각 노선 별로 애칭이 있어, 도카이도·산요우신칸센을 달리는 열차는, '코다마', '히카리', '노조미'라는 이름으로 친숙해져 있습니다. 코다마는 신칸센역의 각 역에 정차하는데 반해, 대도시에만 정차하던 히카리는 초특급이라는 이미지가 있었지만, 노조미가 새롭게 등장하면서는 그 자리를 내어주고 있습니다.

신칸센의 최대 강점은 높은 안정성입니다. 신칸센을 도입하고부터, 지금까지 신칸센 자체의 기계 트러블에 의한 중대한 사고는 한번도 없어, 세계적으로도 그 우수한 기술력을 인정받고 있습니다.

주요 단어 및 표현 → → →

新幹線(しんかんせん) 신칸센, 신간선 | 時速(じそく) 시속 | 高速鉄道(こうそくてつどう) 고속철도 | 着工(ちゃっこう) 착공 | 開通(かいつう) 개통 | 区間(くかん) 구간 | つなぐ 잇다, 연결하다 | 営業運転(えいぎょううんてん) 영업운전 | 経(た)たないうちに (시간이 얼마)지나지 않아서 | 成果(せいか)を上(あ)げる 성과를 올리다 | 支(ささ)える 지탱하다, 받치다 | 次々(つぎつぎ)と 잇달아, 계속하여 | 導入(どうにゅう) 도입 | 民営化(みんえいか) 민영화 | 運営(うんえい) 운영 | 遠距離(えんきょり) 원거리 | 通勤(つうきん) 통근 | 通学者(つうがくしゃ) 통학자 | バブル経済(けいざい) 버블경제, 거품경제 | 郊外(こうがい) 교외 | 移(うつ)り住(す)む 옮겨 살다, 이주하다 | 路線別(ろせんべつ) 노선별 | 愛称(あいしょう) 애칭 | 各駅(かくえき) 각 역, 모든 역 | 停車(ていしゃ) 정차 | 超特急(ちょうとっきゅう) 초특급 | 新(あたら)しく加(くわ)わる 새롭게 더해지다 | 譲(ゆず)り渡(わた)す 물려주다, 양도하다 | 強(つよ)み 강점, 장점 | すぐれる 뛰어나다, 우수하다 | 安定性(あんていせい) 안정성 | 機械的(きかいてき)トラブル 기계적 트러블 | 技術力(ぎじゅつりょく) 기술력 | 認(みと)められている 인정 받고있다

5 ①도카이도신칸센의 설명으로 내용과 일치하지 않는 것은 어느 것인가?

1. 신오사카와 도쿄를 잇는 노선
2. 전체 길이는 550 킬로 이상
3. 승객이 많아 성공한 노선
4. 1959 년부터 운전개시

6 ②성공에 힘입어와 같은 의미를 가지는 것은 어느 것인가?

1. 성공하기 위해서는
2. 성공하지 않아서는
3. 성공했기 때문에
4. 성공 없이

7 신칸센의 설명으로 맞는 것은 어느 것인가?

1. 신칸센은 지금까지 사고가 일어난 적이 없었다.
2. 국철이 민영화했기 때문에 신칸센의 승객이 늘었다.
3. 신칸센은 다른 고속철도에 비해 요금이 싸다.
4. 통근 통학에 신칸센을 이용하는 사람도 있다.

8 본문의 내용과 일치하는 것은 어느 것인가?

1. 제일 처음 신칸센 공사가 시작된 것은, 1964 년이다.
2. 도카이도신칸센은 1987 년부터 국철이 운영하고 있다.
3. 노조미보다 히카리가 속도가 빠르다.
4. 코다마는 신칸센 역의 모든 역에 정차한다.

녹차는 전통적인 동양의 음료로서 일본문화의 하나인 다도와 함께 오랫동안 사랑을 받아 왔습니다. 언제 일본에 녹차가 전래되었는지에 대해서는 명확하지 않습니다만, 9세기경부터 기록에 남아 있는 것을 보면 그보다 이전부터 녹차를 즐겼을 것이 아닌가 추측됩니다.

커피에 밀려 예전에 비해 별로 마시지 않게 된 녹차이지만, 카테킨을 비롯해 비타민C, 비타민B1·B2, 베타카로틴, 사포닌, 엽산, 카페인 등의 성분이 함유되어 있습니다. 그 중에서도 ①카테킨이라는 성분은 다양한 효과와 효능이 있습니다. 카테킨에는 체내에 있는 활성산소라는 불필요한 산화물을 제거하는 ②항산화작용을 한다고 하며, 그 밖에도 항암, 항균·항바이러스, 항알레르기, 혈중 콜레스테롤 저하, 혈압억제, 충치예방 등의 효과를 가지고 있는 것이 확인되었습니다. 특히 노화를 예방하는 항산화작용은 비타민E보다 20배나 강하다고 합니다. 최근에는 신종플루에도 예방효과가 있음이 밝혀져, 건강에 대한 관심이 많은 중장년층을 중심으로 조금씩 녹차를 즐기는 인구가 다시 늘어나고 있다고 합니다. 그러나 차에는 반드시 몸에 좋은 성분만 들어 있는 것은 아닙니다. 커피에도 많이 함유되어 있는 ③카페인은, 피로회복 등의 좋은 효과도 있지만, 이뇨작용이 있어서 화장실에 자주 가게 되기도 합니다. 또한 각성작용도 있기 때문에, 자기 전에는 가급적 마시지 않는 편이 좋을 것입니다. 자기 전에 지나치게 많이 마시면, 잠이 오지 않거나, 잠이 들었다 해도 화장실에 가고 싶어서 잠을 깨, 푹자지 못하게 될 가능성이 큽니다.

주요 단어 및 표현 → → →

伝統的(でんとうてき)な 전통적인 | 伝(つた)わったか 전해졌는가, 전달되었는가 | 明確(めいかく) 명확 | 推定(すいてい)される 추정되다 | ～に押(お)されて ～에 밀려 | カテキン 카테킨 | ベータカロチン 베타카로틴 | サポニン 사포닌 | 葉酸(ようさん) 엽산 | カフェイン 카페인 | 活性酸素(かっせいさんそ) 활성산소 | 余分(よぶん)な 여분의, 쓸데없는 | 酸化物(さんかぶつ)を取(と)り除(のぞ)く 산화물을 제거하다 | 抗酸化作用(こうさんかさよう) 항산화작용 | 抗(こう)がん 항암 | 抗菌(こうきん) 항균 | 血中(けっちゅう)コレステロール 혈중 콜레스테롤 | 血圧抑制(けつあつよくせい) 혈압억제 | 老化(ろうか) 노화 | 新型(しんがた)インフルエンザ 신종플루 | 中高年層(ちゅうこうねんそう) 중장년층 | じわじわ 서서히 조금씩 | 必(かなら)ずしも～わけではありません 반드시 ～인 것은 아닙니다 | ～のみ ～만, ～뿐 | 疲労回復(ひろうかいふく) 피로회복 | 利尿作用(りにょうさよう) 이뇨작용 | 飲(の)みすぎる 과음하다, 지나치게 마시다 | 目覚(めざ)める 잠을 깨다 | ぐっすり 깊은 잠을 자는 모양, 푹 | 可能性(かのうせい) 가능성

9 ①카테킨의 효능이 아닌 것은 무엇인가?

  1. 소변이 잘 나오게 한다.
  2. 노화를 예방한다.
  3. 혈중 콜레스테롤을 낮춘다.
  4. 신종플루를 예방한다.

10 ②항산화란 어떤 의미인가?

  1. 산소가 없어져 버려서, 호흡이 불가능해진다.
  2. 불필요한 산화물을 제거한다.
  3. 활성산소가 부족하게 된다.
  4. 항생물질이 카테킨으로 바뀐다.

11 ③카페인 때문에 몸에 나타나는 증상은 어느 것인가?

  1. 콜레스테롤치가 낮아진다
  2. 피로가 풀리지 않는다.
  3. 잠을 깬다.
  4. 숙면을 취한다.

12 본문의 내용과 일치하는 것은 어느 것인가?

  1. 차는 9 세기 경에 일본에 전해졌다.
  2. 카테킨에는 비타민C, 비타민E, 사포닌 등의 성분이 함유되어 있다.
  3. 커피는 몸에 좋지 않은 성분이 포함되어 있다.
  4. 카테킨에는 이뇨작용이 있기 때문에 화장실에 자주 가고 싶어진다.

　근처에 있었던 슈퍼가 없어져, 식료품 등 일상적인 물건 구입이 어려워진 사람들을 '쇼핑난민'이라고 한다. 노인을 중심으로 '쇼핑난민'이 늘어나, 지금 사회문제가 되고 있다.

　'쇼핑난민'이 생기는 곳에는 몇 가지 유형이 있다. 하나는 산 속에 있는 마을이다. 이런 마을에서는, 젊은 사람들이 진학이나 일 때문에 도시로 나간다. 그러면 인구가 줄어들어, 노선버스나 전차가 폐지된다. 마을 상점은, 물건을 사주는 손님이 줄어들어 벌이가 안 되니 폐점하게 된다. 먼 곳에 있는 슈퍼까지 가는 버스도 없고, 차를 운전해 갈 수도 없는 노인은 '쇼핑난민'이 되는 것이다.

　이러한 인구가 적은 곳에서의 문제는 이전부터 지적되고 있었지만, 최근 문제가 되고 있는 것은 또 하나, 지방도시의 역 앞 등이다. 교외에 대형슈퍼가 생기면, 역 앞에 있었던 지역슈퍼나 개인상점은 경영이 어려워져 폐점되어 버리고 만다. 그 가게까지 걸어서 물건을 사러 다녔던 사람들 역시 쇼핑난민이 되는 것이다.

　차가 없으면, 한 번에 많은 양의 쇼핑을 할 수 없기 때문에, 고기나 야채 등을 사지 않고, 오랫 동안 보존이 가능한 음식을 사게 된다. 이것이 영양부족으로도 이어진다고 하니, 문제는 (더욱) 심각하다.

주요 단어 및 표현 → → →

食料品(しょくりょうひん) 식료품 | 日常(にちじょう) 일상 | 苦労(くろう) 고생, 수고, 노고 | 難民(なんみん) 난민 | お年寄(としよ)り 노인 | 社会問題(しゃかいもんだい) 사회문제 | パターン 패턴, 유형, 양식 | 減(へ)る 줄다 | 路線(ろせん)バス 노선버스 | 廃止(はいし) 폐지 | もうかる 벌리다, 벌이가 되다 | つぶれる 망하다, 도산하다 | 指摘(してき) 지적 | 地方都市(ちほうとし) 지방도시 | 大型(おおがた)スーパー 대형슈퍼, 대형마트 | 商店(しょうてん) 상점 | 経営(けいえい)が難(むずか)しくなる 경영이 어려워지다 | 閉店(へいてん) 폐점 | 保存(ほぞん) 보존 | 栄養不足(えいようぶそく)につながる 영양부족으로 이어지다 | 深刻(しんこく) 심각

13 '쇼핑난민'이란 어떤 사람들을 가리키는가?

1. 근처에 마음에 드는 상점이 없어서 고민하고 있는 사람

2. 근처에 가게가 없고, 멀리 있는 가게까지 가는 교통수단도 없는 사람

3. 돈이 없어 물품구입을 할 수 없는 사람

4. 먼 곳에 있는 가게까지 차를 타고 물건을 사러 가는 사람

14 '쇼핑난민'이 생기기 어렵다고 생각되는 곳은 어디인가?

1. 노인이 많이 살고 있는 곳

2. 산간 마을 등 교통이 불편한 곳

3. 교외에 대형 슈퍼가 있는 곳

4. 역 앞에 상점가가 있는 곳

15 본문의 내용과 일치하는 것은 어느 것인가?

1. 쇼핑난민의 문제는 노인에 한정되는 것이므로, 젊은이는 생각하지 않아도 된다.

2. 차가 없는 사람은, 쇼핑난민이 될 가능성이 있다.

3. 역 앞의 마을 중심부는 교통이 편리하지만, 쇼핑하기에는 불편하다.

4. 역 앞에 있는 상점가는 편리하므로 폐점하지 않는다.

16 이 문장 뒤에 어떤 내용의 문장이 이어지면 좋은가?

1. '쇼핑난민'의 구체적인 예

2. '쇼핑난민'의 문제점

3. '쇼핑난민'에 대한 의견

4. '쇼핑난민'의 대책

　최근 ①'이상기후'라는 말을 자주 듣는다. 이상기후란 이상고온, 폭우, 평년보다 기온이 낮은 여름 등, 평년과는 다른 기후를 의미한다. 기상청에서는 '과거 30년간의 기후와 비교해 현저하게 다른 기상현상'이라고 이상기후를 정의하고 있다.

　이 이상기후의 원인은 기상적인 악조건이 겹치기 때문이라는 것이 일반적이지만, 최근에는 ②인위적인 기후변동도 그 중요한 원인의 하나로 여겨지고 있다. 즉, 20세기경부터 산업화·공업화가 급속히 진전된 결과, 지구 온난화가 진행되어 이상기후도 많이 발생하게 되었다는 것이다.

　지구 온난화가 진행되었을 때의 ③일반적인 이상기후 현상으로는, 우선 기온이 상승하여 열대야나 폭염인 날이 증가하는 등, 더운 날의 수가 증가한다. 그 반면, 추운 날은 감소한다. 국내에서 최저 기온이 0℃ 미만이었던 날을 기준으로 분석해 보면, 혼슈 일부 지역이나 홋카이도지역에서 예년보다 0℃ 미만인 날이 30일 이상 감소했다는 것을 알 수 있다. 그 밖에도 폭우의 빈도가 증가하는 등의 현상이 일어난다.

　올 여름, 일본은 예년의 무더운 여름과는 달리, 비가 오는 날이 매우 많고 기온이 낮은 날이 계속되었지만, 이웃나라인 한국이나 중국, 유럽에서는 기록적인 폭염으로 밤이 되어도 기온이 25℃ 이하로 떨어지지 않는 열대야가 이어졌다. 이러한 세계적인 이상기후는 농작물 재배에도 영향을 끼쳤다. 세계 최대의 곡물수출국인 러시아와 중국에서는 일시적이기는 하지만 수출을 제한하는 사태마저 발생했다. 밀과 옥수수의 90% 이상을 수입에 의존하는 일본은 이상기후의 위험성에 대비하지 않으면 안 된다.

주요 단어 및 표현 → → →

異常気象(いじょうきしょう) 이상기후 | 冷夏(れいか) 냉하, 평년보다 기온이 낮은 여름 | ～と比(くら)べて ～와 비교하여 | 悪条件(あくじょうけん) 악조건 | 重(かさ)なる 겹치다, 거듭되다 | 人為的(じんいてき) 인위적 | 気候変動(きこうへんどう) 기후변동 | 上昇(じょうしょう) 상승 | 真夏日(まなつび) 하루 최고 기온이 섭씨 30도를 넘은 날 | 日数(にっすう) 일수 | 増加(ぞうか) 증가 | 蒸(む)し暑(あつ)い 무덥다 | 猛暑(もうしょ) 폭염 | 熱帯夜(ねったいや) 열대야 | 農作物(のうさくぶつ) 농작물 | 栽培(さいばい) 재배 | 影響(えいきょう)を及(およ)ぼす 영향을 미치다

17 ① '이상기후'라고 되어 있는데 기상청의 정의로는 어떠한 의미인가?

　1. 이상고온이 30 일 이상 계속되는 날씨

　2. 이상고온, 폭우 등이 발생하는 날씨

　3. 과거 30 년의 기후에 비해 현저히 다른 날씨

　4. 폭우가 오는 날이 30 일 이상 감소한 날씨

18 ②인위적인 기후변동이라고 되어 있는데 구체적으로 무엇이 원인이 되었는가?

　1. 이상기후의 대폭적인 증가

　2. 산업화 · 공업화의 발전

　3. 곡물 수출의 제한

　4. 농작물의 재배

19 ③일반적인 이상기후 현상으로서 올바르지 않은 것은 어느 것인가?

　1. 기온이 상승하여 열대야 일수가 늘어난다.

　2. 0℃ 미만의 추운 날이 많아진다.

　3. 폭우가 내리는 날이 증가한다.

　4. 폭염 일수가 증가한다.

20 필자가 가장 전달하고자 하는 것은 무엇인가?

　1. 이상기후가 매우 심각하다.

　2. 이상기후의 위험성에 대응해야 한다.

　3. 이상기후가 어떤 것인지 알아두어야 한다.

　4. 이상기후는 인위적인 기상변동에 의한 것이다.

　기억력이 좋은 사람들이 모이는 '세계기억력선수권'이라는 대회가 있다. 이 대회에서는 숫자나 단어를 순서대로 기억하거나, 100명 이상의 사람들의 얼굴과 이름을 가능한 한 빨리 외우는 등의 경쟁을 한다. 현재 세계챔피언은 52장의 트럼프를 순서대로 ①숫자도 마크도 틀리지 않고, 30초 정도에 외워 버린다고 한다.

　그런데, 이렇게 암기하는 것은 머리의 '뇌'의 역할이다. 실은 오랫동안 인간의 뇌가 어떻게 기억하는지, 그 시스템은 잘 알 수 없었다. ②기억하기 쉬운 것과 기억하기 어려운 것이 있는 것은 어째서인지, 등에 관한 것이 최근의 연구로 겨우 알게 된 단계다.

　단시간 동안만 기억할 때 쓰이는 것은 뇌의 앞부분인 '전두전피질'이라고 하는 부분이다. 예를 들면, 전화번호를 그 당시만 기억할 때 사용한다. 그 이상 오랫 동안 암기하는 기억은, 뇌 안에 있는 '해마'라고 하는 부분이 관계하고 있다. 눈이나 귀로부터 들어온 정보는, 뇌의 '해마'라는 부분에 일단 보존된다. 해마는 어느 정보를 오래 기억할 것인지를 선택하는 역할을 한다.

　인상적인 이미지로 기억하거나, 좋아하는 것을 기억할 때는, 이 해마의 옆에 있는 '편도체'라는 부분이 활발하게 작용한다. 편도체가 활발하게 작용하면, 해마에게 '열심히 외우라'는 명령을 내리므로, 훨씬 기억하기 쉬워지는 듯하다.

　이러한 뇌의 활동을 보면, 기억하기 위해서는 즐겁고 재미있다고 느끼는 일이 무엇보다 중요하다. 즐기면서 외우면 결국 머리에 남는 것이다.

주요 단어 및 표현 → → →

記憶力(きおくりょく) 기억력 | 集(あつ)まる 모이다 | 選手権(せんしゅけん) 선수권 | 数字(すうじ) 숫자 | 単語(たんご) 단어 | 順番(じゅんばん)どおりに 순번대로, 순서대로 | 記憶(きおく) 기억 | できるだけ 가능한 한 | 競争(きょうそう) 경쟁 | 現在(げんざい) 현재 | 世界(せかい)チャンピオン 세계챔피언 | トランプ 트럼프, 카드 | 間違(まちが)えない 틀리지 않는다 | さて 그럼, 자, 그런데 | 脳(のう) 뇌 | 働(はたら)き 활동, 성과 | システム 시스템 | ～しやすい ～하기 쉽다 | 研究(けんきゅう) 연구 | やっと 겨우, 가까스로 | 段階(だんかい) 단계 | 前頭前皮質(ぜんとうぜんひしつ) 전두전피질 | 暗記(あんき) 암기 | 海馬(かいば) 해마 | 情報(じょうほう) 정보 | いったん 일단 | 保存(ほぞん) 보존 | 役割(やくわり) 역할 | 印象的(いんしょうてき) 인상적 | へんとう体(たい) 편도체 | 活発(かっぱつ) 활발 | 働(はたら)く 일하다, 활동(작용)하다 | 一生懸命(いっしょうけんめい) 열심히

21 ①숫자도 마크도 틀리지 않고, 30 초 정도에 외워 버린다고 되어 있는데, 이것은 뇌의 어떤 활동과 관계가 있는가?

　1. 뇌의 '해마' 부분은 눈이나 귀로 들어온 정보를 기억할 때 쓰인다.

　2. 뇌의 '전두전피질' 부분은 단시간 동안만 기억 할 때 역할을 한다.

　3. 뇌의 '편도체' 부분은 이미지로 기억할 때 활발하게 역할을 한다.

　4. 뇌의 '해마' 부분은 어느 정보를 오래 기억할 것인지를 기억한다.

22 ①기억하기 쉬운 것과 기억하기 어려운 것이 있는 것은 어째서인가?

　1. 기억력이 좋은 사람과 나쁜 사람이 있기 때문에

　2. 해마가 어느 정보를 오래 기억할 것인지 선택하고 있기 때문에

　3. 편도체가 활발하게 작용하고 있기 때문에

　4. 인간의 뇌는 많은 것을 기억할 수 없기 때문에

23 문중에서 필자가 말하는 효과적인 기억법이란 어느 것인가?

　1. 인상적인 이미지를 사용하여, 즐겁다고 느끼면서 기억한다

　2. 오랜 시간, 몇 번이고 반복해서 기억한다.

　3. 특별히 효과적인 방법은 없다.

　4. 뇌의 여러 부분이 역할을 이해한다.

24 본문에서 필자가 말하고 싶은 것은 어느 것인가?

　1. 세계기억력선수권대회 알림

　2. 금방 기억할 수 있는 특별한 방법

　3. 기억과 뇌의 역할의 관계

　4. 뇌에 관련된 여러 가지 병

상용한자란, 생활 속에서 모두가 사용하는 한자로서, '알고 있으면 좋겠다'고 국가에서 정한 한자를 말한다. 지금 상용한자는 1945자이지만, 거기에 ①196자를 더 늘리게 되었다. 도대체 어떤 한자가 늘어난 것일까?

먼저, 흔히 사용하는 것과 관련된 한자이다. 예를 들면, 丼이나 麺 등, 음식과 관계 있는 한자, 誰, 俺 등, 사람을 부를 때 사용하는 한자, 鶴, 亀, 熊, 鹿 등의 동물 관련 한자가 늘어난다고 한다. 언제나 자주 쓰이는 단어에 사용되는 한자이므로 늘어나는 이유를 알 것 같다.

하지만 그 중에는 어려운 한자도 있다. 우울의 鬱나 어휘의 彙라는 한자이다. 이들 한자를 쓰는 것은 매우 어렵다.

어째서 이런 한자도 늘렸는가 하면, 실은 ②우리들과 한자와의 관계가 변해왔기 때문인 듯하다. 어느 대학의 교수가, 대학생이 하루 동안 한자를 어떤 식으로 사용하는가를 조사해 보니, 휴대전화의 문자, 인터넷 상의 일기나, 대학의 숙제 등 하루에 549자의 한자를 사용했다는 것을 알 수 있었다. 단, 그 중 70%이상이 컴퓨터나 휴대전화에서 쓴 것이었다. 손으로 한자를 쓴 것은 수업 중뿐이었고, 대학생들은 읽을 수는 있으나 쓸 수 없는 글자도 있었다.

상용한자를 선택하기 위해, 지금까지는 책이나 신문 등을 조사했었다. 하지만 이번에는 일반인이 어떤 한자를 사용하고 있는가를 더욱 잘 파악하기 위해, 처음으로 WEB, 즉 인터넷 상에서 사용되고 있는 한자를 조사했다. 그 결과 모두가 鬱 등 어려운 글자를 실제로는 많이 사용하고 있는 것이 밝혀져, 이러한 어려운 한자가 상용한자에 들어가게 된 것이다.

주요 단어 및 표현 → → →

常用漢字(じょうようかんじ) 상용한자 | いったい 도대체 | 身近(みぢか)なもの 주변의 것 | 関係(かんけい) 관계 | 丼(どん/どんぶり) 덮밥 | 麺(めん) 면 | 俺(おれ) 나(남성이 같은 또래나 아랫사람에게 쓰는 말) | 鶴(つる) 학 | 亀(かめ) 거북이 | 熊(くま) 곰 | 鹿(しか) 사슴 | 分(わ)かる気(き)がする 알 것 같다 | 憂鬱(ゆううつ) 우울 | 語彙(ごい) 어휘 | 実(じつ)は 실은 | 調(しら)べる 조사하다 | メール 휴대전화의 문자, 메일 | 日記(にっき) 일기 | 宿題(しゅくだい) 숙제 | ただ 단, 단지 | 選(えら)ぶ 고르다, 선택하다 | 一般(いっぱん)の人(ひと) 일반인 | はじめて 처음으로 | 結果(けっか) 결과

25 국가에서는 상용한자란 어떤 것이라고 규정하고 있는가?

1. 일본어를 사용할 때 반드시 외워야 하는 한자

2. 쓸 수 없으면 생활을 할 수 없는 한자

3. 자주 사용하는 한자로 알아 두었으면 하는 한자

4. 몰라도 곤란하지 않는 한자

26 ①196 자를 더 늘리게 되었다고 되어 있는데, 이번에 늘게 된 한자는 어느 것인가?

1. 책이나 신문에서 자주 사용되고 있는 한자

2. 사람의 이름에 자주 사용되는 한자

3. 인터넷에서 자주 사용되고 있는 한자

4. 식물이나 자연과 관계가 있는 한자

27 ②우리들과 한자와의 관계가 변해왔다고 되어 있는데, 본문의 내용과 일치하는 것은 어느 것인가?

1. 현대인은, 히라가나를 많이 사용해, 간단한 한자만을 사용하게 되었다.

2. 현대인은, 신문이나 책을 읽지 않게 되었기 때문에, 어려운 한자를 사용하지 않게 되었다.

3. 현대인은, 실제로 손으로 한자를 쓰는 일이 줄어들고, 읽을 수 있으나 쓸 수 없는 한자가 많다.

4. 현대인은, 인터넷이나 문자를 자주 이용하지만, 거기에는 한자가 적다.

28 이번에 어째서 어려운 한자가 늘게 되었을까.

1. 매년 새로운 한자가 생기니까

2. 현대인은 한자를 쓸 수 없게 되었으므로, 더욱 공부하도록 하기 위해

3. 외국인이 늘어, 어려운 한자를 줄일 필요가 생겼으므로

4. 어려워도, 생활 속에서 실제로 사용되고 있다는 것을 알게돼서

오른쪽 페이지는, 시에서 개최되는 일본어교실의 안내이다. 이 글을 읽고, 아래 질문에 답하시오. 답은,
1 · 2 · 3 · 4 에서 가장 적당한 것을 하나 고르시오.

1 아리 씨는 초급 문법을 공부하고, 다음 레벨 클래스에서 공부하고 싶어한다. 아리 씨는 매일 오전 8 시부터
오후 4시까지 아르바이트가 있다. 어느 클래스를 신청하면 좋은가?
　1. '즐겁게 일본어로 말하자!'
　2. '중급일본어A'
　3. '프리토킹A'
　4. '중급부터의 독해 · 작문'

2 벤 씨는 중급 문법 공부를 막 마쳤다. 다음 레벨에서 가능한 한 많은 클래스를 신청하고 싶다고 생각하는
데, 평일 오전 11 시부터 오후 6 까지는 학교에 있다. 어느 클래스 수업을 들을 수 있을까?
　1. '처음 배우는 일본어교실'과 '중급일본어A'
　2. '프리토킹 중급' 과 '프리토킹 상급A'
　3. '중급부터의 독해 · 작문' 과 '중급일본어B'
　4. '프리토킹 상급B' 토요일 클래스와 '중급부터의 독해 · 작문'

[일본어교실 제2기 개최!] 9월4일 ~ 12월 3일

장소: 시민문화센터

수강료: 1클래스 3000엔

스케쥴표

클래스 명	개최요일	개최시간	강사
처음 배우는 일본어교실	화·목	18:30~20:00	야마모토
즐겁게 일본어로 말하자	월·수·금	10:00~11:00	요시카와
중급 일본어A	월·수·금	18:30~20:00	야마모토
중급 일본어B	화·목	14:00~15:00	야마모토
프리토킹 중급	화·목	10:30~12:00	오오이시
중급부터의 독해·작문	월·수·금	8:30~9:30	하라다
프리토킹 상급A	화·목	10:30~12:00	오오이시
프리토킹 상급B	토	14:00~17:00	오오이시

레벨 I

① 처음 배우는 일본어교실 : (분야)전반 초급

　일본어를 처음 공부하는 사람을 위한 교실. '아이우에오'부터 시작합니다!

② 즐겁게 일본어로 말하자 : 문법, 회화

　일상생활에 필요한 일본어를 중심으로 즐겁게 회화해 봅시다.

레벨 II

③ 중급일본어 : 문법, 한자, 독해

　초급을 끝낸 사람이 대상. 간단한 한자 공부와 조금 긴 문장을 읽는 연습도 합니다.

④ 프리토킹 중급 : 회화

　하나의 테마에 대해, 간단한 말을 이용해서 자유롭게 이야기해 봅시다. 회화를 많이 하고 싶으신 분께 추천.

레벨 III

⑤ 중급부터의 독해·작문 : 문법, 독해, 작문

　긴 문장을 읽거나, 작문을 쓰거나, '읽기·쓰기'를 중심으로 공부합니다. 시험을 치를 분에게도 추천합니다.

⑥ 프리토킹 상급 : 회화

　드라마나 영화를 보고, 자유롭게 이야기해 봅시다. 단어를 더욱 늘려, 다양한 회화를 할 수 있게 합시다.

주요 단어 및 표현 → → →

開催(かいさい) 개최 | 市民文化(しみんぶんか)センター 시민문화센터 | 受講料(じゅこうりょう) 수강료 | スケジュール表(ひょう) 스케쥴표 | 講師(こうし) 강사 | 中級(ちゅうきゅう) 중급 | フリートーキング 프리토킹 | 読解(どっかい) 독해 | 作文(さくぶん) 작문 | レベル 레벨 | 全般(ぜんぱん) 전반 | 初(はじ)めて 처음으로 | 文法(ぶんぽう) 문법 | 会話(かいわ) 회화 | 日常生活(にちじょうせいかつ) 일상생활 | 文章(ぶんしょう) 문장 | 練習(れんしゅう) 연습 | ～について ～에 대하여 | 簡単(かんたん) 간단 | 読(よ)み書(か)き 읽기 쓰기 | テストを受(う)ける 시험을 치르다, 시험을 보다 | おすすめ 추천

오른쪽 페이지는, 스포츠 클럽에서 회원을 모집하기 위한 안내이다. 아래 질문에 답하시오. 답은 1 · 2 · 3 · 4 에서 가장 적당한 것을 하나 고르시오.

야마다 씨는 스포츠 클럽에서 무언가 스포츠를 배우고 싶다고 생각하고 있습니다. 야마다 씨는 대학에 다니고 있으며, 월요일부터 수요일까지는 아침 9시부터 오후 3시까지, 목요일과 금요일에는 11시부터 오후 1시까지 각각 수업이 있습니다. 매주 토요일과 일요일은 수업이 없습니다. 또 테니스는 고교 시절에 조금 배운 적이 있지만, 수영은 처음입니다.

3 야마다 씨가 배울 수 있는 것은 어느 것인가?

1. 탁구
2. 수영B
3. 스트레치
4. 요가

4 야마다 씨가 5 월 18 일에 수영과 테니스를 등록하면 지불하는 요금은 얼마인가?

1. 1 만 4000 엔
2. 1 만 6000 엔
3. 1 만 2600 엔
4. 1 만 4400 엔

스코야카(튼튼) 스포츠클럽 회원모집

강좌 안내

종목	개최일	개최시간	회비
수영A(초급자)	매주 월·수·금	오후5시~	10,000엔
수영B(중급)	매주 월·수·금	오후6시~	12,000엔
수영C(고급)	매주 월·수·금	오후7시~	13,000엔
배드민턴	매주 화·목	오후2시~	7,000엔
탁구	매주 화·목	오후5시~	7,000엔
테니스	매주 토·일	오전10시~	4,000엔
스트레칭	매일	오전10시~	10,000엔
요가	매주월·수·금	오전11시~	8,000엔
농구	매주월·수·금	오전10시~	8,000엔

【입회에 대한 안내】
- 평일 회원님은 토일, 국경일에는 이용할 수 없습니다.
- 시설 이용은 신청하신 당일부터 가능합니다.
  우선은 입회비가 필요 없는 1개월 체험회원을 추천해 드립니다.
- 1개월 체험회원은 정회원과 마찬가지로 영업시간 내에 언제든지 이용하실 수 있습니다.
- 5월 20일까지 신청하시는 분께는 요금의 10%를 할인해 드립니다.
- 신청은 5월 31일까지입니다.

주요 단어 및 표현 → → →

通(かよ)う 다니다 | それぞれ 각각 | テニス 수영 | 水泳(すいえい) 테니스 | 初(はじ)めて 처음, 처음으로 |
すこやか 몸이 튼튼함, 건강함 | 教室(きょうしつ) 교실, 강좌 | 種目(しゅもく) 종목 | 会費(かいひ) 회비 | 初心者(しょしんしゃ) 초보자 | 卓球(たっきゅう) 탁구 | ストレッチ 스트레치 | ヨーガ 요가 | お申(もう)し込(こ)み 신청 | 当日(とうじつ) 당일 | 入会金(にゅうかいきん) 입회비 | 不要(ふよう)の 필요 없는 | おすすめ致(いた)します 추천합니다 | 正会員(せいかいいん) 정회원 | 営業時間(えいぎょうじかん) 영업시간 | ご利用(りよう)いただけます 이용하실 수 있습니다 | 割引(わりび)き 할인

오른쪽 페이지는 문화센터에서 개최되는 교실의 회원모집 안내이다. 이 글을 읽고, 아래 질문에 답하시오. 답은 1·2·3·4 에서 가장 적당한 것을 하나 고르시오.

5 이 교실에 등록할 수 있는 것은 다음 중 누구인가?
1. 유치원생
2. 몸이 불편한 분
3. 50 세 남성
4. 7 세 어린이

6 카나가와시민이 아닌 부부가 등록하면 입회비는 얼마인가?
1. 6,000 엔
2. 30,000 엔
3. 36,000 엔
4. 33,000 엔

가나가와시 문화센터

밸리댄스 교실(A클래스) 회원모집

　　지금 화제가 되고 있는 밸리댄스에 도전해 보지 않겠습니까? 밸리댄스는 이집트 등지에서 발전한 섹시한 춤 입니다. 아름다운 허리의 움직임을 익히는 것으로 여성으로서의 매력도 향상됩니다. 몸이 날씬해지고, 아름다운 자세를 만들어 주는 밸리댄스 교실에 오세요!

【입회에 대한 안내】
- 신입회원은 12시부터 20시까지 접수합니다.
- 입회는 8세 이상 된 분만이 가능합니다.
- 부부가 함께 등록하실 경우는, 회비에 한하여 10% 할인됩니다.
- 몸이 불편하신 분은 별도의 반을 운영하고 있으니 데스크에 문의해 주세요.

【입회비】
- 3,000엔(가나가와시민은 입회비 무료)

【회비】
- 15,000엔/월(월 4회, 매주 토요일 2~4시)

주요 단어 및 표현 → → →
ベリーダンス教室(きょうしつ) 밸리댄스 교실(강좌) | 挑戦(ちょうせん) 도전 | 身(み)につける 습득하다, 익히다 | 魅力 (みりょく) 매력 | スリム 슬림, 날씬함 | 受付(うけつけ) 접수 | 限(かぎ)る 한정하다 | 1割引(わりび)き 10%할인 | 体(からだ) の不自由(ふじゆう)な方(かた) 몸이 불편한 분, 장애인 분 | 別途(べっと) 별도 | 問(と)い合(あ)わせ 문의

4

오른쪽 페이지는 공모 콘테스트의 알림입니다. 이 내용을 읽고, 아래의 질문에 답하시오. 답은 1 · 2 · 3 · 4 에서 가장 적당한 것을 하나 고르시오

7 이 콘테스트에 응모할 수 있는 것은, 다음 중 누구인가?
1. 여행을 좋아하는 카메라맨
2. 누구나 응모할 수 있다
3. 요리를 좋아하는 아마추어
4. 레스토랑 요리사

8 콘테스트 응모에 관해, 일치하는 것은 어느 것인가?
1. 레시피, 사진, 에세이의 3 점을 우편으로 보낸다.
2. 지정된 요리를 만들어서, 레시피를 생각한다.
3. 레시피와 관계 있는 에세이를 1500 자 이상 쓴다.
4. 여행을 테마로 한 오리지널레시피를 생각한다.

여행하는 요리~ 오리지널 레시피 콘테스트

먹는 것은 여행의 즐거움 중 하나입니다. 전 세계를 여행하는 듯한 기분이 들 수 있는 당신만의 오리지널 레시피를, 그 요리와 관계된 에피소드와 함께 보내주세요. 우수 작품은 잡지 '보야쥬'에 게재됩니다. 여행을 좋아하시는 분, 요리를 좋아하시는 분의 응모를 기다리고 있습니다.

◎ 대상: 아마추어라면 누구라도!
　　현재, 촬영, 요리의 프로로 활동하고 계시는 분은 삼가해주세요.

◎ 신청 방법: 아래의 3점을 보내주세요.
　　'보야쥬' 홈페이지로 하신 응모만 유효합니다. 우편으로는 받지 않으므로 주의해주세요.

☆레시피 : '여행'을 테마로 한 오리지널 레시피를 생각해 주세요.
　　　　　레시피에는 재료와 분량을 명기해 주세요.
　　　　　일본 국내에서 구하기 어려운 재료는 사용하지 말아 주세요.

☆완성사진: 요리의 완성 사진.

☆에세이: 오리지널 레시피를 만드는 이미지가 된 여행에 관한 이야기를 800자 이내로 적어 주세요.

◎마감일: 헤이세이 24년 9월 3일

주요 단어 및 표현 ➜ ➜ ➜

オリジナルレシピ 오리지널 레시피 | エピソード 에피소드 | アマチュア 아마추어 | どなたでも 누구라도 | ご遠慮(えんりょ)ください 삼가 주세요 | 申(もう)し込(こ)み 신청 | テーマ 테마 | 材料(ざいりょう) 재료 | 分量(ぶんりょう) 분량 | 明記(めいき) 명기, 분명히 적음 | 手(て)に入(い)れにくい 구하기 어렵다 | 完成写真(かんせいしゃしん) 완성사진

오른쪽 페이지는 다양한 이벤트 알림입니다. 이 글을 읽고, 아래의 질문에 답하시오. 답은 1·2·3·4 에서 가장 적당한 것을 하나 고르시오.

9 유리 씨는 초등학교 3 학년의 여동생과 함께 참가할 수 있는 이벤트를 찾고 있다. 여동생이 다양한 체험을 했으면 좋겠다고 생각해서, 체험하거나 실제로 자신이 참가할 수 있는 이벤트가 좋다고 생각하는데 어떤 이벤트가 좋은가?
   1. 신기한 색 교실
   2. 프리마켓
   3. 버섯 축제
   4. 산들바람 작품전

10 마사시 씨는 친구와 이벤트에 가려고 한다. 마사시 씨의 휴일은 토요일과 일요일, 친구의 휴일은 화요일과 목요일로, 두 사람 모두 일은 5 시까지이다. 둘은 어느 이벤트에 가면 좋은가?
   1. 두 사람의 시간에 맞는 이벤트가 없으므로, 이번에는 포기한다.
   2. 평일에 일을 마친 후, '신기한 색 교실'에 간다.
   3. 친구의 일이 끝난 후에 '산들바람 작품전'을 보러 간다.
   4. 마사시 씨의 일이 끝난 뒤에 '버섯 축제'에 간다.

신기한 색 교실! 프린트는 어떻게 색을 만드는 거야??
실시 알림 ◎ 대상: 초등학교 5학년~ 중학교 3학년 ◎ 학습시간: 매주 수요일 9시~13시 　　　　　2교시(1, 2교시는 연강이므로, 1교시만 출석하는 것은 불가능합니다)
◆1교시◆ 색을 만드는 방법에 대하여 ◆2교시◆ 잉크젯프린트의 기술 소개

『산들바람 작품전』이 올해에도!
10월 9일 (토) 개장: 10:30　　종료: 18:30 요금 : 입장 무료
● 프리 스페이스에는 자랑하는 작품이 좍! ● 올해의 자신작 "천장 아트" ● 좋아하는 모양의 종이 접기를 즉석에서 만들어주는 코너. ● 프리마켓에서는, 세상에서 하나 뿐인 핸드메이드 작품이 한 가득 입니다. 　올해도 풍성합니다!

『버섯 축제』에서 맛있게 즐겁게!
10월 15일 (목) 12:00~ 15:00 참가비 · 요금 : 2000엔, 정원 : 50명,
제철 버섯 먹으며 가을을 즐기자! 버섯을 사용한 요리체험과 식사를 할 수 있습니다. 신청은 9월 21일 (화) 9시 30분부터 전화 · 창구에서. 선착순이므로 서두르세요!

주요 단어 및 표현 → → →

不思議(ふしぎ) 신기, 불가사의 | 教室(きょうしつ) 교실 | プリンター 프린터 | 実施(じっし) 실시 | 対象(たいしょう) 대상 | 学習(がくしゅう) 학습 | 時限(じげん) 교시 | 連続(れんぞく) 연속 | 出席(しゅっせき) 출석 | 色(いろ)づくり 색 만들기 | インクジェットプリンター 잉크젯 프린터 | 技術(ぎじゅつ) 기술 | そよかぜ 산들바람 | 作品展(さくひんてん) 작품전 | フリーマーケット 프리마켓, 벼룩시장 | 開場(かいじょう) 개장 | 終了(しゅうりょう) 종료 | 自慢(じまん) 자랑, 자만 | 自信作(じしんさく) 자신작, 자신 있는 작품 | 天井(てんじょう)アート 천장아트 | 折(お)り紙(がみ) 종이 접기 | コーナー 코너 | 好評(こうひょう) 호평, 좋은 평판 | 盛(も)り上(あ)がる 고조되다, 풍성하다 | きのこまつり 버섯 축제 | 秋(あき) 가을 | 体験(たいけん) 체험 | 窓口(まどくち) 창구

오른쪽 페이지는 항공사의 '신용카드 기능이 있는 마일리지 카드'의 안내이다. 이 글을 읽고 아래 질문에 답하시오. 답은 1·2·3·4 에서 가장 적당한 것을 하나 고르시오.

11 JNL 카드에 입회할 수 있는 것은 다음 중 누구인가?

　1. 누구나 입회할 수 있다.

　2. 중학생

　3. 고등학생

　4. 대학원생

12 캠페인 기간 중에 형제가 입회하면, 마일리지는 두 명을 합쳐 얼마가 적립되는가?

　1. 400 마일리지

　2. 600 마일리지

　3. 200 마일리지

　4. 800 마일리지

◎ JNL카드의 주요 서비스

- 입회, 항공기 이용으로 보너스 마일리지가 쑥쑥 쌓입니다.
- 「JNL 카드 플러스」는 마일리지가 더블.
- JNL 마일리지 몰이라면 추가로 2% 마일리지가 적립됩니다.
- 신용카드회사의 포인트도 마일리지로 이행할 수 있습니다.
- 「JNL패밀리 마일」이라면 가족의 마일리지를 합산할 수 있습니다.
- 입회비 무료
- 회원자격은 입회 후 2년간 유효
- 18세 미만인 분은 입회할 수 없습니다.
  ※캠페인 기간 중에 입회하시면 100마일리지를 선물!
  ※가족이 두 분 이상 입회하셨을 경우, 추가로 1인당 100마일을 보너스 마일리지로 선물!

주요 단어 및 표현 → → →

入会(にゅうかい) 입회 | フライト 비행, 항공기 이용 | ボーナスマイル 보너스 마일리지 | どんどん 자꾸자꾸, 계속해서, 쑥쑥 | 貯(た)まる 적립되다, 쌓이다 | さらに 더욱, 추가로 | 合算(がっさん) 합산 | 資格(しかく) 자격 | 有効(ゆうこう) 유효 | ご入会(にゅうかい)いただく 입회하다(입회를 받는 쪽 입장에서 겸손하게 쓰는 말)

오른쪽 페이지는 '허슬랜드파크'의 티켓표이다. 이것을 읽고, 아래 질문에 답하시오. 답은 1 · 2 · 3 · 4 에서 가장 적당한 것을 하나 고르시오.

13 하나 씨는 초등학교 6 학년인 여동생과 함께, 오후 5 시에 도착해, 야간 퍼레이드를 보려고 한다. 시간이 있으면 놀이기구도 조금 타고 싶다고 생각하고 있다. 둘은 어느 티켓을 사면 좋은가?

   1. 티켓A

   2. 티켓C

   3. 티켓D

   4. 티켓E

14 한 씨는 부인과 아이 둘, 가족 네 명이서 아침부터 갈 생각이다. 한 씨는 놀이기구를 좋아하는 장남 10 살 (신장 120cm) 과 같은 종류의 티켓으로 놀이기구에 타고, 부인은 아직 어린 차남 5 살(신장 90cm) 과 같은 종류의 티켓으로 놀이기구에 타기로 했다. 티켓은 전부 얼마가 되는가?

   1. 4,700 엔

   2. 6,000 엔

   3. 9,500 엔

   4. 7,200 엔

티켓 안내

티켓 종류	내용	대상	금액
A	입장+놀이기구 자유이용권	어른(중학생이상) 어린이(3세~초등학생)	4000엔 2500엔
B	입장+놀이기구 3종류까지	어른(중학생이상) 어린이(3세~초등학생)	2500엔 1500엔
C	입장(16시 이후)	어른(중학생이상) 어린이(3세~초등학생)	500엔 200엔
D	입장(16시 이후) +놀이기구 자유이용권	어른(중학생이상) 어린이(3세~초등학생)	2000엔 1000엔
E	입장(16시 이후) +놀이기구 3종류까지	어른(중학생이상) 어린이(3세~초등학생)	1500엔 800엔
F	입장 +놀이기구 자유이용권(기종한정)	어른(20세 이상) 어린이(신장 100cm 미만)	2000엔 1000엔

※ 3세 미만의 어린이는 입장·놀이기구 이용 모두 무료입니다.

※ 놀이기구는 모두 신장 100cm이상인 분 대상입니다.

※ 티켓 C, D, E는 입장시간이 정해져 있으므로, 주의해주세요.

※ 티켓 F는, 신장이 100cm미만인 아이라도 탈 수 있는 기종에 한하여, 몇 번이고 이용할 수 있는 프리티켓
   입니다. 성인의 이용도, 상기 기종에 한정되므로, 주의해주세요.

주요 단어 및 표현 → → →

種類(しゅるい) 종류 | 対象(たいしょう)대상 | 入園(にゅうえん) 입원, 입장 | のりもの 탈 것, (여기서는)놀이기구 | 以降
(いこう) 이후 | 機種限定(きしゅげんてい) 기종한정 | 未満(みまん) 미만 | 無料(むりょう) 무료 | いずれも 모두, 죄다 | 身
長(しんちょう) 신장 | 決(き)まっている 정해져 있다 | ご注意(ちゅうい)ください 주의해 주세요 | のみ ~만, ~뿐 | 何度
(なんど)でも 몇 번이고

문제 4 다음 문장을 읽고, 질문에 답하시오. 정답은 1 · 2 · 3 · 4 에서 가장 적당한 것을 하나 고르시오.

1

> ### 6월 13일(일)은 어린이광장에서 '서바이벌 가위 바위 보 게임'에 도전!!
> ☆☆ ★ ☆☆ ★ ☆☆ ★ ☆☆ ★ ☆☆ ★ ☆☆ ★ ☆★ ☆☆
>
> 신문지를 이용한, 즐거운 가위 바위 보 게임입니다. 크게 펼친 신문지 위에 서서, 그 위에서 가위 바위 보. 진 사람은 신문지를 반으로 접어 갑니다. 그것을 반복해서, 작아진 신문지 위에 마지막까지 계속 서있는 사람의 승리입니다.
>
> 어린이 광장에서는, 그 외에도 즐거운 이벤트가 한가득! 자세한 사항은, 이벤트 스케줄표에서 확인해 주세요. 또 인포메이션에서는, 피구공 · 축구공을 무료로 대여하고 있습니다. 넓은 어린이 광장에서 마음껏 놉시다!!

주요 단어 및 표현 → → →

生(い)き残(のこ)り 생존, 살아 남음, 서바이벌 | チャレンジ 챌린지, 도전 | 新聞紙(しんぶんし) 신문지 | ジャンケンポン 가위 바위 보 | 負(ま)ける 지다 | 折(お)る 접다 | 立(た)ち続(つづ)ける 계속 서 있다 | 勝(か)ち 이김, 승리 | くわしくは 자세히는 | スケジュール表(ひょう) 스케줄표 | ご確認(かくにん)下(くだ)さい 확인해 주세요 | インフォメーション 인포메이션, 안내소 | ドッジボール 피구(공) | 貸出(かしだし) 대여 | 思(おも)いっきり 마음껏, 실컷

---

1 이것은 무엇에 대한 공지인가?
  1. 공의 대여
  2. 어린이 광장에서의 이벤트
  3. '서바이벌 가위 바위 보 게임'의 룰
  4. 신문지를 사용해 노는 법

2

'합계 특수 출산율'이란, 한 명의 여성이 일생 동안 낳는 아이의 수를 추산한 숫자로, 15세에서 49세의 여성이 낳은 아이의 수를 바탕으로 계산합니다. 일본의 현재 인구를 유지하기 위한 합계 특수 출산율은, 2.07이라고 합니다. 합계 특수 출산율이 장기적으로 이 수준을 밑돌면, 인구는 감소하게 됩니다.

정부가 낸 발표에 의하면, 2005년에 과거 최저의 1.26을 기록 한 후, 3년 계속해서 출산율이 올랐지만, 2009년은 1.37로, 전년과 같았습니다.

주요 단어 및 표현 ➔ ➔ ➔

特殊(とくしゅ) 특수 | 出生率(しゅっしょうりつ) 출산율 | 産(う)む 낳다 | 推計(すいけい) 추산 | もとに 바탕으로 | 水準(すいじゅん) 수준 | 下回(したまわ)る 밑돌다 | 減少(げんしょう) 감소 | 記録(きろく) 기록

> **2** 본문의 내용과 일치하는 것은 어느 것인가?
> 1. 과거 최고의 출산율은 2.07 이었다.
> 2. 2008 년의 출산율은 1.37 이었다
> 3. '합계 특수 출산율'은, 여성이 낳은 아이의 수를 바탕으로 계산한다.
> 4. 2006 년부터 2009 년까지는, 매년 출산율이 계속 올라갔다.

3

'잠깐만' 이 큰 문제! 도로에 주차하지 말아 주세요!

저희 맨션을 방문하시는 분의 주차매너가 문제가 되고 있습니다. 맨션 앞의 도로는 매우 좁아서, 주차가 되어 있으면 다른 차가 안으로 들어올 수 없습니다. 일전에도 도로에 주차한 차 때문에 구급차가 안에 들어오지 못하는 사태가 일어났습니다.

외부의 차는 반드시 정해진 방문자용 주차장에 주차해 주세요. 방문자용 주차장은 예약이 필요하므로, 저희 맨션에 용무가 있는 분은 사전에 관리인실에 연락해주십시오. 주민 여러분의 협조를 부탁 드립니다.

주요 단어 및 표현 ➔ ➔ ➔

駐車(ちゅうしゃ) マナー 주차 매너 | せまい 좁다 | 救急車(きゅうきゅうしゃ) 구급차 | 事態(じたい) 사태 | 来客用駐車場(らいきゃくようちゅうしゃじょう) 방문자용 주차장 | 御用(ごよう)のある方(かた) 용무가 있는 분 | 事前(じぜん) 사전, 미리

> **3** 맨션 앞의 도로에 주차를 하는 것은, 왜 큰 문제가 되는가?
> 1. 주차를 하는 데는 예약이 필요하니까
> 2. 교통사고가 일어나니까
> 3. 다른 차가 출입할 수 없으니까
> 4. 방문자용 주차장이 있으니까

일본의 우체통은 어째서 빨간 것일까요? 메이지 4 년에 새로운 우편제도가 만들어지고, 처음 일본에 우체통이 생겼습니다. 그 때 색은 검은 색이었다고 합니다. 하지만, 우체통이 검으면, 저녁에 어두워진 후에는 잘 보이지 않게 되는 등 평판이 나빠서, 좀 더 눈에 띄는 빨간색 우체통이 등장하고, 메이지 41 년에 정식으로 빨간색으로 결정되었습니다.

물론 빨간색은 세계 공통이 아니고, 유럽 등지에서는 노란색인 나라가 많고, 그 밖에 파란색이나 녹색의 우체통을 사용하고 있는 나라도 있습니다. 일본 국내에도 특별한 목적으로 만들어진 다른 색이나 모양의 우체통도 있습니다.

주요 단어 및 표현 → → →

郵便(ゆうびん)ポスト 우체통 | 明治(めいじ) 메이지(일본의 연호, 명치) | 制度(せいど) 제도 | 見(み)えにくくなる 잘 보이지 않게 되다 | 評判(ひょうばん)が悪(わる)い 평판이 좋지 않다, 평판이 나쁘다 | 目立(めだ)つ 눈에 띄다 | 決(き)まる 결정되다 | 共通(きょうつう) 공통 | ヨーロッパ 유럽

> 4 본문의 내용과 일치하는 것은 어느 것인가?
> 1. 현재 일본의 우체통의 색은 검은색이다.
> 2. 처음 일본에 우체통이 생겼을 때의 색은 파란색이었다.
> 3. 일본 국내의 우체통은 빨간색 밖에 없다.
> 4. 일본의 우체통이 현재의 색으로 결정된 것은 메이지 41 년의 일이다.

문제 5 다음 (1)과 (2)의 문장을 읽고, 질문에 답하시오. 답은 1·2·3·4에서 가장 적당한 것을 고르시오.

1

　　노인이 '비 오는 날은 뼈마디마디가 아프다'고 자주 말합니다. 뼈마디마디란, 무릎이나 허리 등 몸의 관절 부분을 일컫는데, 특히 관절의 류마티즘이라는 병을 가진 사람은, 비가 내리기 전, 비가 내리고 있을 때, 평소보다 추운 날에, 통증이 나타나기 쉽다고 합니다.

　　이와 같이, 날씨에 의해 일어나는 통증을 '날씨통', 하루 단위의 기온이나 기압·습도 등의 기상조건의 변화가 통증뿐만 아니라, 어떤 증상변화의 계기가 되는 병을 '기상병' 이라고 합니다. 그리고, <u>그것들은</u>, 현재 본격적인 연구가 진행되고 있다고 합니다. 최근의 연구에서는, 특히 습도와 기압의 변화가 통증과 큰 관계가 있다는 것이 밝혀졌습니다.

　　그러고 보니, 나는 관절이 아파오는 일은 없지만, 비가 오기 전에, 자주 두통이 생깁니다. 유치원 선생님으로부터, '비 오는 날은 아이들이 시끄러워 진다'는 말을 들은 적이 있습니다. 날씨에 따라, 몸이나 마음의 상태가 변하는 것은 노인 뿐만이 아니라는 것입니다.

주요 단어 및 표현 → → →

ふしぶし (뼈의) 마디 마디 | 関節(かんせつ) 관절 | 関節(かんせつ)リウマチ 류마티즘 관절염 | 痛(いた)みが出(で)る 통증이 나타나다 | 気圧(きあつ) 기압 | 湿度(しつど) 습도 | 気象条件(きしょうじょうけん) 기상조건 | きっかけ 실마리, 계기 | 本格的(ほんかくてき) 본격적 | 頭痛(ずつう) 두통 | 幼稚園(ようちえん) 유치원

5 <u>그것들은</u>, 이라고 되어 있는데, 무엇을 뜻하는가?
　　1. 무릎과 허리
　　2. 날씨통과 기상병
　　3. 습도와 기압
　　4. 몸의 뼈마디마디

6 '기상병'에 걸리는 사람은 어떤 사람인가?
　　1. 노인
　　2. 류마티즈 관절염이 있는 사람
　　3. 어린이나 아기
　　4. 누구나 걸릴 가능성이 있다

7 본문의 내용과 일치하는 것은 어느 것인가?
　　1. 나이를 먹으면 누구나 류마티즈 관절염에 걸리기 때문에 비가 오는 날은 관절이 아프다.
　　2. 날씨에 따라 생기는 통증을 '기상병'이라고 한다.
　　3. 몸이나 마음의 상태는, 기압의 변화에 의해 변하는 경우가 있다.
　　4. 습도가 높은 날에 몸이 아픈 것에, 특별한 이유는 없다.

인간은 수 십 만년 전에 '불'을 발견하여, 그 힘을 이용하여 사회를 발전시켜왔습니다. 그리고 '불'에 이어, 다른 자연의 힘도 에너지 자원으로 이용하게 되었습니다. 예전에 우리들은 풍차나 수차를 생활에 이용해왔습니다. 예를 들면, 쌀이나 보리의 가루를 내거나, 물을 끌어올리는 것 같은 일입니다. 그 후, 석유나 석탄이 발견되어, 이들을 이용하여 전력을 만들어, 한번에 큰 에너지를 사용하는 것이 가능해졌습니다.

하지만, 석유나 석탄은 반복해서 사용할 수 없다거나 CO_2를 배출하는 등의 문제점이 있습니다. 그래서, CO_2를 배출하는 양이 적고, 반복해서 사용할 수 있는 '재생가능 에너지'를 이용한 발전에 이목이 집중되고 있습니다. 태양광이나 바람을 이용한 발전 등이 그렇습니다. 태양광발전은, 태양의 빛이 닿으면 전기가 발생되는 판넬을 사용한 발전방법입니다. 일년 중 날씨가 좋은 날이 많은 지역에 만들면 좋다고 합니다. 또 풍력발전은 바다 근처 등, 바람이 강한 지역에 만들면 좋다고 합니다.

주요 단어 및 표현 → → →

人類(じんるい) 인류 | 発展(はってん) 발전 | 資源(しげん) 자원 | 風車(ふうしゃ) 풍차 | 水車(すいしゃ) 수차 | 粉(こな) 가루 | くみあげる 끌어 올리다 | 石油(せきゆ) 석유 | 石炭(せきたん) 석탄 | 再生可能(さいせいかのう) 재생가능 | 発電(はつでん) 발전 | パネル 판넬

⑧ 이 문장에 쓰여 있지 않은 것은 어느 것인가?
1. 새로운 에너지 자원의 개발
2. 에너지 이용의 역사
3. 재생가능 한 에너지의 이용
4. 석유와 석탄의 문제점

⑨ 예전에 풍차나 수차를 사용해서 했던 일은 무엇인가?
1. 물을 따뜻하게 한다.
2. 물을 긷는다.
3. 쌀이나 보리를 키운다.
4. 쌀이나 보리를 수확한다.

⑩ 본문의 내용과 일치하는 것은 어느 것인가?
1. 인간은 자연의 힘을 이용하면서 에너지를 만들어 왔다.
2. 일본에서, 풍력과 수력을 이용한 발전이 가장 많다.
3. 풍력발전은 바람이 강한 지역이 아니면 안 된다.
4. 석유나 석탄이 발견되고부터는, 풍차나 수차에 의한 발전은 그다지 사용하지 않게 되었다.

문제 6 다음 문장을 읽고, 질문에 답하시오. 답은, 1·2·3·4 에서 가장 적당한 것을 하나 고르시오.

일을 하는 사람에게 있어, '일하기 좋은 회사'란, 어떤 곳 일까요? 사원 1,000명 이상의 회사에서 일하는 사람을 대상으로, '사원의 의욕을 높이는 제도', '인재의 채용·육성과 평가'. '사원을 배려한 직장', '육아를 배려한 직장' 의 4개로 나누어 앙케트를 실시한 결과를 봤습니다.

앙케트의 결과, 종합 1위였던 A사는 4가지 모두가 4위 이내였습니다. A사에서는 자택에서도 일을 할 수 있도록, IT를 활용한 재택근무제도를 충실히 하거나, 사원의 정신건강을 돌보는 등, 일과 생활을 모두 소중히 하는 환경을 만들고 있습니다. 또, 육아휴직제도의 남성이용자 수가 다른 회사와 비교해 매우 많은 점도 높은 평가를 받은 이유인 듯 합니다.

종합 2위인 B사는, 모두가 5위 이내였습니다. 특히 '사원의 의욕을 높이는 제도'에서는 2위였습니다. 개인이 하고 싶은 일이나 앞으로의 희망에 대해 상담할 수 있는 컨설턴트가 있거나, 그에 맞춘 연수제도가 있거나, 해외 유학을 지원 하는 등, 사원의 능력개발을 지원하는 제도가 많은 것이 특징입니다.

생활방식이나 일을 하는 목적은 사람에 따라 다릅니다. 이러한 개개인의 차이를 배려하는 회사에서는, 사원도 의욕을 가지고 동시에 안심하고 일을 계속할 수 있습니다. <u>그것이</u> 회사 전체의 이익으로도 이어지는 것이겠죠. 앙케트 조사에서 상위였던 회사가, 모두 업적이 좋은 것은 바로 그것 때문이라고 생각합니다.

주요 단어 및 표현 ➜ ➜ ➜

働(はたら)きやすい会社(かいしゃ) 일하기 쉬운 회사, 일하기 좋은 회사 | 対象(たいしょう) 대상 | やる気(き)を高(たか)める 의욕을 높이다 | 制度(せいど) 제도 | 採用(さいよう) 채용 | 育成(いくせい) 육성 | 評価(ひょうか) 평가 | 働(はたら)く側(がわ) 일하는 쪽, 사원 | 配慮(はいりょ) 배려 | 職場(しょくば) 직장 | 子育(こそだ)て 육아 | アンケート 앙케트 | 総合(そうごう) 종합 | 自宅(じたく) 자택 | 活用(かつよう) 활용 | 在宅勤務(ざいたくきんむ) 재택근무 | 充実(じゅうじつ)させる 충실하게 하다, 충실히 갖추다 | メンタルヘルスをケアする 정신건강을 돌보다 | 環境(かんきょう) 환경 | 育児休業(いくじきゅうぎょう) 육아휴직 | 非常(ひじょう)に 매우 | 評価(ひょうか) 평가 | 希望(きぼう) 희망 | 相談(そうだん) 상의, 상담 | コンサルタント 컨설턴트 | 研修(けんしゅう) 연수 | 支援(しえん) 지원 | 能力開発(のうりょくかいはつ) 능력개발 | 特徴(とくちょう) 특징 | 生(い)き方(かた) 생활방식 | 目的(もくてき) 목적 | ～によって ～에 따라 | 違(ちが)う 다르다 | 意欲(いよく) 의욕 | 利益(りえき) 이익 | つながる 이어지다, 관련되다 | いずれも 모두, 죄다 | 業績(ぎょうせき) 업적

11 IT 를 활용한 재택근무 시스템은 무엇을 위해 시행하고 있는가?
  1. 사원의 능력을 평가하기 위해
  2. 우수한 인재를 채용하기 위해
  3. 사원의 해외유학지원을 위해
  4. 사원을 배려하는 직장을 만들기 위해

12 '육아를 배려한 직장'인지 아닌지, 어떠한 면에서 알 수 있는가?
  1. 정신건강을 돌보고 있다.
  2. 다양한 연수를 행하고 있다.
  3. 남성의 육아휴직제도 이용자 수가 많다.
  4. 능력개발을 위한 제도가 많다.

13 <u>그것이</u>, 라고 되어 있는데, 무엇인가?
  1. 생활 방식이나 일하는 목적은 사람에 따라 다른 것.
  2. 사원이 의욕을 갖고, 안심하고 일할 수 있는 것.
  3. 사원 1000 명 이상의 큰 회사인 것.
  4. 사원의 IT 기술 능력을 개발하는 것.

14 본문의 내용과 일치하는 것은 어느 것인가?
  1. '일하기 좋은' 회사는, 업적도 호조인 경우가 많다.
  2. 회사의 업적과 '일하기 좋은' 회사인지 아닌지는 관계가 없다.
  3. 정신건강을 돌보는 것은 사원의 능력개발로 이어진다.
  4. 이번 조사 대상은 사원이 적은 중소기업이다.

문제 7 오른쪽 페이지는 시의「쓰레기 배출법」규칙표이다. 이것을 읽고, 아래 질문에 답하시오. 답은, 1·2·3·4 에서 가장 적당한 것을 하나 고르시오.

15 다 쓴 화장품 병을 버릴 때, 언제 내 놓아야 하는가?
  1. '캔·병'의 날에 내 놓는다.
  2. 버리지 않고 다시 사용한다.
  3. '불연성 쓰레기'의 날에 내 놓는다.
  4. 언제 내 놓아도 좋다.

16 '캔·병'의 날에 쓰레기를 내 놓을 때, 하지 않아도 되는 일은 이하의 어느 것인가?
  1. 캔·병은 각각 다른 반투명 봉투에 넣는다.
  2. 입구가 큰 캔은 입구를 찌그러뜨린다.
  3. 캔·병의 안을 비우고 씻는다.
  4. 페트병은 각각 다른 반투명 봉투에 넣는다.

쓰레기 배출 방법에 대하여 - 주민 여러분께 부탁

'캔·병'은 자원으로 다시 사용하기 때문에 분리수거를 하고 있습니다.
규칙에 따라, 각각의 수집일에 내 놓아 주세요.

▶'캔·병'을 내 놓는 법

주 1회 수집 :
●캔·병을 함께, 안을 확실히 확인 할 수 있는 반투명한 봉지에 담아서 내 놓아 주세요.

주요한 대상물	· 음식물이 들어 있었던 캔과 병입니다. **(캔·병을 내놓을 때 부탁 드리고 싶은 것)** ① 반드시 뚜껑은 분리시켜 주십시오. ② 안은 비워주세요. ③ 가볍게 물로 헹구어주세요. ④ 입구가 큰 캔은 주둥이를 찌그러뜨리고 아무것도 넣지 않는다. ⑤ 페트병은 각각의 반투명 봉지에 넣어 내 놓아 주세요.
수거하지 않는 것	**아래는, '캔·병'에는 포함되지 않으므로, 주의해주세요.** 유리컵, 밥그릇, 화장품 병, 형광등 등은 '불연성 쓰레기'를 내 놓는 날 내 놓아 주세요.

주요 단어 및 표현 → → →

ごみ 쓰레기 | 出(だ)し方(かた) 내 놓는 법, 버리는 법 | おねがい 부탁 | 缶(かん) 캔 | びん 병 | 資源(しげん) 자원 | 再利用(さいりよう) 재이용 | 分別収集(ぶんべつしゅうしゅう) 분별수집, 분리수거 | ルールを守(まも)る 룰을 지키다, 규칙에 따르다 | それぞれ 각각 | 中身(なかみ) 내용물, 알맹이 | はっきりと 확실히, 명백하게 | 確認(かくにん) 확인 | 半透明(はんとうめい) 반투명 | 袋(ふくろ) 봉투 | 主(おも)な対象物(たいしょうぶつ) 주요한 대상물 | 集(あつ)める 모으다 | 飲食物(いんしょくぶつ)음식물 | 必(かなら)ず 반드시 | キャップははずす 캡은 제거하다, 뚜껑은 분리하다 | 空(から) 텅 빔 | 軽(かる)い 가볍다 | 水洗(みずあら)い 물로 씻다 | 口(くち) (여기서는) 캔이나 병의 주둥이 | つぶす 찌그러뜨리다, 변형하다 | ペットボトル 페트병 | 含(ふく)まれる 포함되다 | ガラスコップ 유리컵 | 茶(ちゃ)わん 밥그릇, 찻종 | 化粧品(けしょうひん) 화장품 | 蛍光灯(けいこうとう) 형광등 | 燃(も)えないごみ 불연성 쓰레기, 타지 않는 쓰레기

MEMO

실전 모의테스트

N3 読解　解答用紙

受験番号
Examinee Registration Number

名前
Name

問　題　4	①	②	③	④
1	①	②	③	④
2	①	②	③	④
3	①	②	③	④
4	①	②	③	④

問　題　5			
5	①	②	③	④
6	①	②	③	④
7	①	②	③	④
8	①	②	③	④
9	①	②	③	④
10	①	②	③	④

問　題　6			
11	①	②	③	④
12	①	②	③	④
13	①	②	③	④
14	①	②	③	④

問　題　7			
15	①	②	③	④
16	①	②	③	④